马克思主义经典著作

*Makesi Zhuyi Jingdian Zhuz*

主编 / 王为

马克思主义自然观的代表作

# 《自然辩证法》

## 解 读

葛霖杉◎编著

 中国出版集团

现代出版社

**图书在版编目（CIP）数据**

马克思主义自然观的代表作：《自然辩证法》解读 /葛霖杉编著. —北京：现代出版社，2016.1 （2025.1重印）

ISBN 978 – 7 – 5143 – 1577 – 6

Ⅰ. ①马…　Ⅱ. ①葛…　Ⅲ. ①《自然辩证法》– 恩格斯著作研究 Ⅳ. ①A811. 24

中国版本图书馆 CIP 数据核字（2014）第 071974 号

| | |
|---|---|
| 作　　者 | 葛霖杉 |
| 责任编辑 | 王敬一 |
| 出版发行 | 现代出版社 |
| 通讯地址 | 北京市安定门外安华里 504 号 |
| 邮政编码 | 100011 |
| 电　　话 | 010 – 64267325 64245264（传真） |
| 网　　址 | www. 1980xd. com |
| 电子邮箱 | xiandai@ cnpitc. com. cn |
| 印　　刷 | 三河市嵩川印刷有限公司 |
| 开　　本 | 700mm ×1000mm　1/16 |
| 印　　张 | 12 |
| 版　　次 | 2016 年 1 月第 1 版　2025 年 1 月第 3 次印刷 |
| 书　　号 | ISBN 978 – 7 – 5143 – 1577 –6 |
| 定　　价 | 48.00 元 |

# 引　言

　　《自然辩证法》是马克思主义创始人之一，全世界无产阶级的伟大导师和领袖，德国哲学家弗里德里希·恩格斯在 1873 – 1883 年间研究自然辩证法问题写的一些论文，札记和片断的汇编。对 19 世纪中期的主要自然科学成就用辩证唯物主义的方法进行了概括，并批判了自然科学中的形而上学和唯心主义观念。自然辩证法是马克思主义和恩格斯思想的自然观和自然科学观的反映，体现了马克思主义哲学和恩格斯思想的世界观、认识论、方法论的统一，构成马克思主义哲学的一个组成部分。自然辩证法研究的内容主要有两大方面：一方面是自然观，即对自然界辩证法的研究；另一方面是自然科学观，即对自然科学辩证法的研究。自然界本身的辩证法是通过自然科学和技术的发展日益被揭示出来的，两个方面的研究密切相联，不可分割。

　　本书的写作是为了让更多的读者，包括广大青少年读者来了解恩格斯的《自然辩证法》。因此，在写作过程中，本书通过辅助解读、理论精读、拓展阅读及附录这四部分的设置，从不同的角度对《自然辩的证法》进行全方位的分析解读。同时，本书也尽量把枯燥晦涩的哲学道理融化到形象生动的历史故事、名言典故之中。并且，

　　结合我国目前的社会现状和科研现状来解读《自然辩证法》中的理论，力图做到让广大读者站在哲学的高度更深层次地理解和思考现实生活、研究等方面中问题。鉴于本人的知识水平与写作能力有限，内容在语言表达、逻辑推演上存在的问题，还请广大读者批评指正。

# 目　录

## 第一部分　辅助解读

## 第二部分　理论精读

# 第三部分　拓展阅读

# 第一部分　辅助解读

## 第一章　《自然辩证法》的背景介绍

### 第一节　《自然辩证法》的写作背景

《自然辩证法》写于 1873 – 1883，无产阶级革命斗争、思想斗争的需要，促使恩格斯写作了这部著作。

#### 一、总结自然科学成就，完善自然科学理论

马克思和恩格斯一直很重视自然科学，他们 1870 年移居英国后，在从事革命活动和理论著述的同时，对科学技术的最新成就十分关注，对自然科学的理论进展也十分关心。而恰恰在 19 世纪 50 年代，自然科学的发展在欧洲又是突飞猛进的黄金时期。在天文学、地质学、物理学、生物学等学科领域都有了重大的突破，相继取得

生物进化论、细胞学、能量守恒与转化定律等一系列重大科学发现。同时，也产生一大批优秀的科学家，如植物学家马提斯·施莱登；动物学家泰奥多尔·施旺；生物学家达尔文、赫胥黎、华莱士；物理学家焦耳、迈尔；化学家肖莱马、克鲁克斯等。在1858年恩格斯给马克思的信中就提到过能量守恒与转化定律和细胞学说。1859年，达尔文的《物种起源》刚刚出版，恩格斯马上阅读了这本著作，并在给马克思的信中对它加以评论。从马克思和恩格斯的通信中、《资本论》和其他著作中，我们可以看到两位革命导师对自然科学研究的兴趣十分浓厚，见解非常独到，他们一方面把自然科学成就看成是自己自然科学理论的基础，用自然科学材料论证自己的理论观点；另一方面运用辩证唯物主义的观点概括自然科学成就的意义，对自然科学领域中的错误思想加以分析和批判。

## 二、用革命理论指导无产阶级斗争

马克思和恩格斯重视对自然科学的研究，同时也是革命斗争的需要。19世纪70年代，巴黎公社〔巴黎公社是一个在1871年3月18日（正式成立的日期为同年的3月28日）到5月28日期间短暂地统治巴黎的政府。由于评价者意识形态的不同，对它的描述也存在很大分歧，有人认为它是无政府主义；也有人认为它是社会主义的早期实验；更有被认为标志当代世界政治左翼运动崛起光辉起始里程碑，影响广大深远。马克思认为它是对他的共产主义理论的一个有力证明，而俄罗斯无政府主义之父巴枯宁则对此持反对意见，因为它既没有依赖于一个先锋队，也没有掌控国家或者企图建立一个新的革命政府，所以它实际上还是无政府主义。〕失败以后，欧洲无产阶级革命进入了一个新的历史时期，即所谓"和平发展时期"。

这个时期，欧洲各国无产阶级正在从思想上和理论上武装自己，积蓄力量，以便迎接新的革命高潮的到来。没有革命理论的指导，无产阶级的社会主义革命就不可能取得胜利，无产阶级革命需要马克思主义理论的指导，需要自觉地运用马克思主义理论这个武器。马克思主义的理论基础，就是马克思主义哲学，即辩证唯物主义和历史唯物主义。辩证唯物主义与历史唯物主义是自然界、人类社会和思维的普遍规律的反映，它不仅是对人类社会的历史发展规律和无产阶级革命经验的概括和总结，而且也是对自然科学全部成就的概括和总结。因此，为了建立辩证唯物主义世界观，需要概括自然科学的成就。1873 年 5 月 30 日恩格斯在给马克思的信中提出了研究自然辩证法的打算和大致线索。从那时起，恩格斯用大部分时间研究自然科学问题，并计划写作《自然辩证法》一书。

### 三、反对形形色色的唯心主义和形而上学思潮

19 世纪 70 年代，资产阶级受到巴黎公社的冲击，为了维护其统治地位，资本家们加紧了对无产阶级的剥削和压迫，同时也加强了思想上的进攻，企图从思想上对无产阶级进行分化瓦解和精神麻醉，由此出现了各种资产阶级的哲学流派，他们鼓吹唯心主义和形而上学的思潮。与此同时，各种各样的小资产阶级知识分子，随着工人运动的发展，混入到工人运动之中。他们妄图用自己的政治观点和路线来影响无产阶级的革命运动，以图达到阻碍无产阶级革命事业的发展的目的。我们由此可以看出，当时马克思和恩格斯所面对的是一个极其复杂的思想斗争的局面。

首先我们来认识一下当时的两大主流派系：

1. 社会达尔文主义。在思想上影响较大的流派之一，是路德维

希·毕希纳（1824年，路德维希·毕希纳生于德国的一个医家，他的父亲希望他学医。所以，1848年，毕希纳在吉森大学获得医学博士学位。1854年，毕希纳在哥廷根大学获大学教授资格文凭。但是，毕希纳所关心的，却是社会生活的基本问题。所以，他潜心思考解决社会非正义的方案，并对统治着教育界和学术界的思辨哲学及宗教意识深感不满。由于他明确地反对神的存在，他受到了大学当局的处罚，从而失去了教职）等人宣扬的社会达尔文主义。毕希纳和朗格（弗里德里希·阿尔贝特·朗格，1828－1875，德国哲学家，经济学家。早期新康德主义的主要代表。1828年9月28日生于索林根附近的瓦尔德，卒于1875年11月21日。早年随父侨居瑞士，就学于苏黎世和波恩大学，先后任教于波恩、苏黎世和马德堡大学。其哲学思想的主要特征，是从生理学角度论证康德的认识论。他把康德所说的认识形式的生理结构先验地赋予经验的。由此出发，他否认"物自体"的客观存在，认为它仅仅是一个"极限概念"，从而抛弃了康德哲学中的唯物主义成分。代表作为《唯物主义史》）等人，歪曲地利用达尔文的进化论来解释社会生活，妄图以此修正马克思主义的科学社会主义理论。这个流派利用了达尔文的进化论，而毕希纳本人又是生物学家，要揭露社会达尔文主义的错误本质，势必涉及自然科学问题。

2. 新康德主义（1865年，奥托·李普曼在《康德及其模仿者》一书的每一章都以"回到康德去"为结论，这部书使得当时德国哲学家对康德哲学的热情再度高涨，标志着新康德主义的开始。新康德主义是学院哲学，在世纪之交，德国几乎所有的大学教授都被新康德主义占有。这一运动要求重新返归康德，并创造出一种能够适应现代科学要求的哲学。对人文科学的效用理论以及政治科学的哲学理论建构的兴趣是新康德主义的特点。新康德主义的马堡学派为伯恩施坦修正主义提供了理论基础。在20世纪初的俄国哲学中新康德主义也起到了重要作用，它成为沟通东正教神秘玄学与唯物主义无神论的桥梁）。

新康德主义者打着"回到康德去"的旗号，抛弃康德哲学中的唯物主义成分，宣扬康德的唯心主义，以彻底的唯心主义来代替康德的学说。新康德主义成为资产阶级进攻马克思主义和无产阶级革命运动的理论武器。以福格特（德国，1817—1895）和毕希纳为代表的庸俗唯物主义、以哈特曼（德国，1842—1906）为代表的"折衷主义杂拌"的哲学体系，都是当时流行的反马克思主义的哲学派别，他们都曾歪曲地利用自然科学材料为自己的理论作论证。

通过这两个学派的了解，我们知道当时一些反马克思主义的社会政治学说和哲学流派歪曲地利用了自然科学材料。马克思和恩格斯为了和它们作斗争，就必须对自然科学加以研究。

其次，在当时的自然科学领域，还存在着思想混乱。一方面，19世纪自然科学的新发现，揭露了自然界发展的辩证过程；另一方面，在自然科学中形而上学的思想方法又十分盛行。科学成就的辩证内容与形而上学思想方法的矛盾，使许多科学家的理论思维陷于混乱。为了解决这个矛盾，就要提倡和推动自然科学家学习和运用辩证的思维方法。同时，由于唯心主义思潮泛滥，一些自然科学家由于缺乏坚定的唯物主义立场，不懂得辩证法，从而做了唯心主义的俘虏。19世纪50年代，自然科学迅猛发展的同时，欧洲出现搞降神术一类的迷信活动。一些有成就的科学家，纷纷参加神灵集团，搞降神活动。如当时世界著名的科学家克鲁克斯、华莱士等人，因热衷于降神活动，而中止了他们的科学研究事业。恩格斯看到这种情景，决心要写一本论述自然界辩证实质的书，帮助自然科学家向唯物主义复归。

综上所述，正是无产阶级革命斗争和自然科学理论发展的需要，推动恩格斯从事自然辩证法的研究，开始了《自然辩证法》的写作。

## 第二节　《自然辩证法》的写作经过

早在19世纪40年代，马克思和恩格斯就非常注意研究自然科学和技术的进展及其在社会发展中的作用。在马克思和恩格斯看来，自然科学是推动历史前进的革命力量。所以在十九19世纪50年代末期，恩格斯关注了能量守恒与转化定律和细胞学说等自然科学的伟大成就。在1859年恩格斯给马克思的信中对刚刚出版的《物种起源》进行评论，指出了达尔文的《物种起源》是一部"非常卓越"的著作，是反对目的论、证明自然历史发展的一次"成功的""大规模的尝试"。并在同时期，恩格斯还请马克思给他寄一本黑格尔的《自然哲学》，他打算在这方面结合自然科学的最新成就进行思考。19世纪60年代，马克思和恩格斯常常以通信的形式，讨论各种自然科学问题。在几十年中所积累的自然科学知识，为马克思和恩格斯制定辩证唯物主义自然观的蓝图，为恩格斯研究自然辩证法作了准备。

恩格斯在移居伦敦后，由于理论斗争和自然科学理论发展的需要，恩格斯把主要精力投入到自然科学的研究之中，下决心写作《自然辩证法》一书。1873年5月30日，恩格斯从伦敦写信给当时在曼彻斯特的马克思，第一次谈到了写作《自然辩证法》的构想计划。恩格斯在这封信中说他打算在这部著作中，对自然科学领域中的成就作辩证唯物主义的概括，对形而上学和唯心主义观点进行批判。恩格斯写作《自然辩证法》的构想，得到马克思的支持。这封信可以说是恩格斯开始系统研究和写作《自然辩证法》的一个标志。从这时起，恩格斯开始着手写作《自然辩证法》一书。从 1873 年至 1876 年，恩格斯搜集了大量的自然科学材料，写了《劳动在从猿到人的转化中的地位与作用》《导言》两篇论文和许多札记。

　　1876 年 5 月，德国的杜林写了 3 本书，《哲学教程》《国民经济学和社会经济学教程》《国民经济学和社会主义批判史》。他用这 3 本书从哲学、政治经济学、科学社会主义 3 个方面，全面向马克思主义进攻。而当时的马克思正忙于《资本论》第一卷的著述，只好给恩格斯写信，要求恩格斯要不顾一切批判杜林。于是，恩格斯只好被迫中断了《自然辩证法》一书的写作，开始一面阅读杜林的 3 本书，一面收集材料准备批判杜林。从 1876 年 9 月到 1878 年 6 月，恩格斯对杜林进行了批判，并写了《反杜林论》。在写《反杜林论》时，恩格斯利用了为写作《自然辩证法》而准备的材料。

　　1878 年 8 月，完成《反杜林论》后，恩格斯继续从事《自然辩证法》的研究和写作，着手系统地整理材料，并拟订了总计划草案。此时，恩格斯在给朋友的信中表示对完成《自然辩证法》这部宏伟的著作满怀信心。同时，恩格斯的写作速度加快了。1879—1881 年期间恩格斯写完《自然辩证法》一书中几篇重要的核心论文：《辩证法》《运动的基本形式》《运动的量度——功》《潮汐摩擦》《热》《电》，还完成了 13 个札记和片断。

　　1881 年 12 月 2 日，燕妮·马克思逝世，马克思陷入痛苦之中，这也影响到恩格斯的《自然辩证法》的写作。尽管如此，恩格斯对《自然辩证法》的写作仍然充满信心。1882 年 11 月 23 日恩格斯在写给马克思的信中，还毅然表示，要尽快地结束《自然辩证法》的写作。这时候，恩格斯已经完成 10 篇论文、两个计划草案、166 个札记和片断。

1883 年 3 月 14 日，马克思不幸逝世。恩格斯又为了整理出版马克思《资本论》的遗稿和领导国际工人运动，不得不中止《自然辩证法》一书的写作。直到 1895 年 8 月 5 日恩格斯逝世，《自然辩证法》这部著作仍未能完成。

恩格斯逝世后，直到 1925 年，《自然辩证法》一书才由莫斯科国家出版社以德文俄文对照形式正式出版。

## 第三节　《自然辩证法》的体系结构

《自然辩证法》全书共包括 181 个组成部分，其中包括 10 篇论文，169 个札记和片断，2 个计划草案。

恩格斯的《自然辩证法》是一部未完成的著作，这给后人研究它的体系结构带来了一定的困难。恩格斯在逝世前曾将这些材料分为四束，每一束冠以标题，其中第二束和第三束还写了目录。第一束共 127 篇，都是较短的札记和片断，标题是《辩证法和自然科学》；第二束共 6 篇，篇幅较大，总标题是自然研究和辩证法；第三束是已经完成的 6 篇论文，总标题是《自然辩证法》；第四束是 42 篇札记和片断，总标题是《数学和自然科学，不同的东西》。恩格斯的这些资料的分类整理对我们研究《自然辩证法》一书的体系结构提供了帮助。同时，恩格斯还撰写过一个〔总计划草案〕和一个〔局部计划草案〕。我们现在看到的论文和札记，大部分都可以在这两个计划草案中找到。因此，在研究这本书的体系结构时，可以把这两个计划草案作为主要依据。

《自然辩证法》一书的 1971 年版本是根据两个计划草案编排的，为了研究的方便，我们将全书分为 6 个部分：

第一部分，《自然辩证法》导言。内容包括论文《导言》、札记〔科学历史摘要〕。在这一部分中，恩格斯概述了从文艺复兴时期以来近代自然科学发展的历史。与 16－18 世纪上半叶的自然科学水平和研究方法相适应，产生了形而上学思想方法。形而上学的产生在当时的条件下是不可避免的，其对自然科学的进一步发展起着阻碍作用。19 世纪自然科学的新成就，以充分的事实证明了自然界发展的辩证性质，揭露了形而上学自然观中的错误。自然科学的发展史证明，唯物辩证法是唯一适合于现代自然科学的理论思维方法。

第二部分，自然科学和哲学的关系。这一部分包括《〈反杜林论〉旧序。论辩证法》《神灵世界中的自然科学》这两篇论文以及札记〔自然科学和哲学〕。这一部分说明，自然科学理论的进步离不开正确哲学的指导，而唯物辩证法正是指导自然科学正确进行理论思维的哲学。在自然科学的理论研究中不懂辩证法，难免犯这样或那样的错误。

第三部分，辩证法。包括论文《辩证法》和札记〔辩证法〕。主要内容是根据自然科学材料说明辩证法的基本规律和几对重要的范畴，论述辩证唯物主义认识论和辩证逻辑的一些重要原理。

第四部分，物质的运动形式。包括论文《运动的基本形式》和札记〔物质的运动形式。科学分类〕。主要内容是论述辩证唯物主义运动观的基本原理。自然科学是以物质的运动形式为研究对象的，辩证唯物主义的运动观为科学分类和正确处理各门科学间的相互关系提供了理论根据。

第五部分，各门自然科学中的辩证法。这一部分包括论文《运动的量度——功》《潮汐摩擦，康德和汤姆生－台特》《热》《电》和札记〔数学〕〔力学和天文学〕〔物理学〕〔化学〕〔生物学〕。在这些论文和札记中，恩格斯运用辩证法深刻分析了各门科学中一些重大理论问题和哲学问题，如机械运动的两种量度；力、能、功等概念的物理意义；潮汐摩擦对地球自转速率的影响等。恩格斯还预言了原子的可分性，指出人工合成蛋白质是解决生命起源的正确途径。这部分内容显示了恩格斯在自然科学的一系列重大理论问题上的远见卓识。

第六部分，劳动创造了人，从自然界向人类社会的过渡。这部分有论文《劳动在从猿到人转变过程中的作用》。在这篇杰出的论文中，恩格斯对人类的起源和发展作了全面的探讨，论述了劳动创造了人本身，劳动是人区别于动物的本质特征等重要原理。这篇论文是从研究自然界过渡到研究社会历史的桥梁，从而把自然辩证法与历史唯物主义衔接起来，构成了完整的马克思主义的理论体系。

## 第四节　《自然辩证法》是马克思主义哲学的基本文献

《自然辩证法》是恩格斯对自然科学进行精湛研究的成果，是对19世纪自然科学最新成果辩证综合的产物。恩格斯很早就开始了对数学和自然科学的研究，探索自然辩证法。在这本书中，恩格斯通过对当时自然科学成果的哲学概括，确立了辩证唯物主义自然观的主要内容以及辩证法的基本规律和若干范畴；通过研究科学技术史，总结了自然科学的发展规律，批判了自然科学领域中的唯心主义和形而上学，科学地论证了唯物辩证法是唯一正确的世界观和方法论；

并论述了科学认识方法论的基本内容。这些基本观点和基本内容，至今仍闪耀着真理的光辉。恩格斯还根据唯物辩证法，对自然科学未来的发展提出了许多科学预见，如关于原子可分、生命的本质、各门学科的交叉点上必然产生新的边缘学科等，都为现代自然科学的发展所证实，充分显示了辩证唯物主义的无比正确性和无限生命力。《自然辩证法》是我们认识自然和改造自然，发展科学技术的强大思想武器，是我们学习和研究马克思主义哲学的基本文献之一。

《自然辩证法》的写作内容引起了自然观、科学技术方法论和科学技术社会观上的伟大变革。

在自然观方面，恩格斯克服了古代自然观由于缺乏科学认识基础所造成的直观、思辨的局限性，吸取了古代自然哲学关于自然界运动、发展和整体联系的思想，以近代自然科学对自然界认识的最新成就为依据，批判了形而上学和机械论，深刻地揭示了自然界本身发展的辩证法，从而建立了一种反映自然界本来面目、适合自然科学发展需要的辩证唯物主义自然观。辩证唯物主义自然观的产生，标志着从古代的辩证思维到近代的形而上学思维再复归到现代辩证思维的否定之否定的过程的完成。

在科学技术方法论方面，恩格斯克服了培根经验论的形而上学的缺陷和笛卡尔唯理论中的唯心主义倾向，把他们的归纳法和演绎法辩证地结合起来；批判了康德的"先验论"和黑格尔的"理念论"的唯心主义观点，并对他们，尤其是黑格尔关于思维的能动作用的观点加以唯物主义的改造；第一次把社会实践放到认识论和方法论的首要地位，阐述了在实践基础上科学认识发展的辩证法。由此，恩格斯创立了辩证唯物主义的科学认识论和科学方法论。

在科学技术社会观方面，恩格斯与传统的观点不同，不仅深刻地揭示了科学技术自身发展的内在逻辑，而且把科学技术的发展作为一种社会现象来考察，并由此提出了许多崭新的思想：自然科学属于一般社会生产力的范畴；科学技术并入生产过程转变为直接的生产力；社会实践的需要，首先是经济、生产的需要，是科学技术发展的基本动力；科学技术又是推动社会历史前进的革命力量。这样，就把辩证唯物主义和历史唯物主义贯穿于对科学技术的认识之中，深刻地揭示了科学技术的实质及其发展的辩证规律，创立了崭新的马克思主义的科学技术社会观。

# 第二章　自然科学和自然观的历史发展

## 第一节　自然科学发展的社会条件

自然科学的发生和发展，依赖于生产的发展，它的发展又反作用于生产，推动生产的发展，这是自然科学发展的规律。恩格斯曾指出："社会一旦有技术上的需要，则这种需要就会比十所大学更能把科学推向前进。……在德国，可惜人们写科学史时已惯于把科学看做是从天上掉下来的。"① 恩格斯用历史唯物主义的观点阐明了自然科学的发展对生产发展的依赖性，这对于正确认识自然科学发展的规律性，反对科学观中的唯心主义观点具有重大意义。

---

① 《马克思恩格斯选集》第 4 卷，人民出版社 1972 年版，第 505 页。

　　自然科学的发展，除了同生产的发展有着直接的联系以外，还同其他的社会条件有着多方面的联系，因此考察自然科学的发展，也不能离开这些社会条件。恩格斯考察自然科学的发展历史时，注意到了这些问题，并进行了详细的研究，做出了许多科学的论断。

## 一、欧洲近代自然科学产生和发展的时代背景

　　中世纪，自然科学处于教会统治之下，它的发展受到了严重的阻碍。到了 15 – 16 世纪，资本主义的生产方式产生了，随之兴起了实验自然科学，自然科学才逐步达到了科学的、系统的和全面的发展。

　　近代资本主义生产的兴起，促进了近代自然科学的诞生。对此，恩格斯指出："在中世纪的黑夜之后，科学以意想不到的力量一下子重新兴起，并且以神奇的速度发展起来，那末，我们要再次把这个奇迹归功于生产。"[①] 资本主义生产发展的需要，不断提出新的课题，促进自然科学的研究；在生产实践中，劳动人民积累的丰富经验为自然科学提供了丰富的研究材料；同时，生产水平的提高也提供了新的可靠的实验工具，使科学实验得以从生产实践中分化出来，成为一项重要的相对独立的社会实践，从而扩大了自然科学的实验基础，加速了近代自然科学的诞生和发展。

　　资产阶级革命推动了自然科学从神学中的解放出来。15 世纪下半叶开始的时代，是资产阶级革命的伟大时代。"这是地球从来没有经历过的最伟大的一次革命。自然科学也就在这一场革命中诞生和形成起来"[②]。资产阶级革命变革了生产关系，促进了生产力的发展，

---

① 《马克思恩格斯全集》第 20 卷，人民出版社 1971 年版，第 524 页。
② 《马克思恩格斯全集》第 20 卷，人民出版社 1971 年版，第 533 页。

也必然间接地促进近代自然科学的进步。此外，资产阶级在政治、文化、思想各个方面的普遍革命也推动了自然从神学的桎梏下解放出来，并得以迅速发展。此时，欧洲历史上兴起了著名的"宗教改革运动"和"文艺复兴运动"。

在当时，劳动人民和新兴资产阶级反对封建统治的革命斗争，是通过宗教斗争的形式进行的。1517 年，德国的马丁·路德（1483－1546，1483 年 11 月出生在日耳曼中部绍森几亚的曼斯菲德附近的艾斯里本—撒克森伯爵领地。他是 16 世纪欧洲宗教改革倡导者，基督教新教路德宗创始人。）首先举起了宗教改革的旗帜，反对封建教会的土地占有制，反对教皇特权和出售赎罪券。轰轰烈烈的宗教改革运动摧毁了天主教会的精神独裁，建立了适合资产阶级需要的新教。马丁·路德反对天主教会的战斗号角还唤起 1525 年的伟大的农民战争，农民起义给封建教会的反动统治以沉重的打击。文艺复兴以复兴古典文化为手段，歌颂人性，反对神性；提倡人权，反对神权；提倡个性自由，反对宗教禁锢；赞美世俗生活，反对来世观念和禁欲主义。文艺复兴运动高扬的人文主义实际上是对整个中世纪神学精神的否定。宗教改革运动和文艺复兴运动使人们开始从中世纪基督教思想桎梏中逐渐解放出来，由对神的信仰转向对科学的追求，而这正是中世纪思想与近现代思想最大的差异。

文艺复兴运动造就出了一批资产阶级的杰出人物。恩格斯依据历史唯物主义观点，给他们以高度的评价，称他们为在思维能力、热情和性格方面，在多才多艺和学识渊博方面的巨人。恩格斯说他们是给近代资产阶级的统治打下基础的人物，决不是受资产阶级局限的人。这主要是指他们积极参加现实斗争，不是只关在书斋里的学者。

## 二、自然科学发展对于生产的依赖性

恩格斯主要考察了自然科学的发展对于生产的依赖性，从自然科学的产生和发展的历史过程中概括出自然科学发展的客观规律性。

### （一）古代自然科学的产生和发展是由生产决定的

恩格斯通过研究自然科学各学科的发展，得出了一个结论："科学的发生和发展一开始就是由生产决定的。"（第 162 页）自然科学的历史表明，在各民族中，如古巴比伦、埃及和中国，天文学几乎都是最先产生的，数学和力学也较其他科学的历史久远，这主要是由人类早期生产实践的需要决定的。畜牧业和农业上为了定季节、为了了解天气的变化，需要天文学知识，因而在古代各民族中，天文观测、历法也就最先产生了。例如在埃及，规划农业上各种操作的需要，必须确定尼罗河水位每年开始上涨的时间，人们不得不向天空为尼罗河水位的周期性变动探求出一个明白的记号，这样，"计算尼罗河水的涨落期的需要，产生了埃及的天文学"。[①] 天文学的发展需要数学知识，促进了数学的发展；丈量土地、测量面积等实践上的需要促进了几何学的发展；贸易和商业要求算术有相应的发展。手工业的发展、城市的建筑以及航海和战争都需要力学知识，因而力学也就较早地产生并发展起来。总之，古代自然科学的产生和发展是由生产决定的。

古代的自然科学，到了希腊的后古典时期（公元前 300 年至公元 300 年左右），以亚历山大城和叙拉古城为中心，出现了持续几个

---

① 《马克思恩格斯全集》第 23 卷，人民出版社 1972 年版，第 562 页。

世纪之久的蓬勃发展，对天文学、数学、力学开始有了精确的、较为系统的研究。比较著名的有：

1. 天文学中产生了托勒密（约90—168年，古希腊天文学家、地理学家和光学家）的宇宙体系。托勒密总结了希腊古天文学的成就，写成《天文学大成》13卷。其中确定了一年的持续时间，编制了星表，说明旋进、折射引起的修正，给出日月食的计算方法等。他利用希腊天文学家们特别是喜帕恰斯（Hipparchus，又译伊巴谷）的大量观测与研究成果，把各种用偏心圆或小轮体系解释天体运动的地心学说给以系统化的论证，后世遂把这种地心体系冠以他的名字，称为托勒密地心体系。

托勒密于公元2世纪，提出了自己的宇宙结构学说，即"地心说"。其实，地心说是亚里士多德的首创，他认为宇宙的运动是由上帝推动的。他说，宇宙是一个有限的球体，分为天地两层，地球位于宇宙中心，所以日月围绕地球运行，物体总是落向地面。地球之外有9个等距天层，由里到外的排列次序是：月球天、水星天、金星天、太阳天、火星天、木星天、土星天、恒星天和原动力天，此外空无一物。各个天层自己不会动，上帝推动了恒星天层，恒星天层才带动了所有的天层运动。人居住的地球，静静地屹立在宇宙的中心。托勒密全面继承了亚里士多德的地心说，并利用前人积累和他自己长期观测得到的数据，写成了8卷本的《伟大论》。在书中，他把亚里士多德的9层天扩大为11层，把原动力天改为晶莹天，又往外添加了最高天和净火天。托勒密设想，各行星都绕着一个较小的圆周上运动，而每个圆的圆心则在以地球为中心的圆周上运动。他把绕地球的那个圆叫"均轮"，每个小圆叫"本轮"。同时假设地球并不恰好在均轮的中心，而偏开一定的距离，均轮是一些偏心圆；

日月行星除做上述轨道运行外，还与众恒星一起，每天绕地球转动一周。托勒密这个不反映宇宙实际结构的数学图景，却较为完满地解释了当时观测到的行星运动情况，并取得了航海上的实用价值，从而被人们广为信奉。

2. 数学中有了欧几里得几何学。欧几里得几何简称"欧氏几何"，是几何学的一门分科。数学上，欧几里得几何是平面和三维空间中常见的几何，基于点线面假设。数学家也用这一术语表示具有相似性质的高维几何。欧氏几何源于公元前 3 世纪。古希腊数学家欧几里得把人们公认的一些几何知识作为定义和公理（公设），在此基础上研究图形的性质，推导出一系列定理，组成演绎体系，写出《几何原本》，形成了欧氏几何。按所讨论的图形在平面上或空间中，又分别称为"平面几何"与"立体几何"。其中公理五又称之为平行公设（Parallel Postulate），叙述比较复杂，并不像其他公理那么显然。这个公设衍生出"三角形内角和等于 180°"的定理。在高斯（F. Gauss）的时代，公设五就备受质疑，俄罗斯数学家罗巴切夫斯基（Nicolay Ivanovitch Lobachevski）、匈牙利人波尔约（Bolyai）阐明第五公设只是公理系统的一种可能选择，并非必然的几何真理，也就是"三角形内角和不一定等于 180°"，从而发现非欧几里得几何学，即"非欧几何"（non – Euclidean geometry）。另一方面，欧几里得几何的 5 条公理并未具有完备性。例如，该几何中的所有定理：任意线段都是三角形的一部分。他用通常的方法进行构造：以线段为半径，分别以线段的两个端点为圆心作圆，将两个圆的交点作为三角形的第三个顶点。然而，他的公理并不保证这两个圆必定相交。因此，许多公理系统的修订版本被提出，其中有希尔伯特公理系统。

3. 静力学中确立了阿基米德（古希腊，约前 287—212 年）原理，阿基米德定律（Archimedes law）是物理学中力学的一条基本原理。浸在液体（或气体）里的物体受到竖直向上的浮力作用，浮力的大小等于被该物体排开的液体的重力。其公式可记为：$F_浮 = G_排 = \rho_液 \cdot g \cdot V_{排液}$。

其发现过程是：公元前245年，为了庆祝盛大的月亮节，赫农王给金匠一块金子让他做一顶纯金的皇冠。做好的皇冠尽管与先前的金子一样重，但国王还是怀疑金匠掺假了。他命令阿基米德鉴定皇冠是不是纯金的，但是不允许破坏皇冠。这看起来是件不可能的事情。在公共浴室内，阿基米德注意到他的胳膊浮出水面。他的大脑中闪现出模糊不清的想法。他把胳膊完全放进水中，全身放松，这时胳膊又浮出水面。他从浴盆中站起来，浴盆四周的水位下降；再坐下去时，浴盆中的水位又上升了。他躺在浴盆中，水位变得更高了，而他也感觉到自己变轻了。他站起来后，水位下降，他则感觉到自己变重了。一定是水对身体产生向上的浮力才使他感到自己变轻了。这一发现使阿基米德十分欣喜，他决定以此为契机并做了针对这个新发现的实验。他把差不多同样大小的石块和木块同时放入浴盆，浸入到水中。石块下沉到水里，但是他感觉到石块变轻了。他必须要向下按着木块才能把它浸到水里。这表明浮力与物体的排水量（没入水中的物体体积）有关，而不是与物体的重量有关。物体在水中感觉有多重一定与水的密度（水单位体积的质量）有关。阿基米德在此找到了解决国王问题的方法，问题的关键在于密度。如果皇冠里面含有其他金属，它的密度会不相同，在重量相等的情况下，这个皇冠的体积是不同的。把皇冠和同样重量的金子放进水里，结果发现皇冠排出的水量比金子的大，这表明皇冠是掺假的。更为重要的是，阿基米德发现了浮力原理，即液体对浸于其中的物体的浮力等于物体所排开液体的重力大小。

所以在这个时期，自然科学一方面由于生产的发展而获得了发展，如城市的扩大，手工业的发展，帝国之间的战争，这些都推动了天文学、数学和力学的进步；另一方面由于人类的实践活动，无论在广度上或深度上都不够发展，因而没有为自然科学的研究提供更多的材料，这也就决定了这个时期自然科学的其他方面尚处在萌芽阶段。

### （二）近代自然科学的发展对生产的依赖关系

中世纪（476—1453 年）之后，资本主义生产的发展，给近代自然科学以强大的推动力。恩格斯说："如果说，在中世纪的黑夜之后，科学以意想不到的力量一下子重新兴起，并且以神奇的速度发展起来，那末，我们要再次把这个奇迹归功于生产。"[①] 资本主义生产的发展对近代自然科学的影响是多方面的，主要表现在以下几个方面：

第一，生产的发展为自然科学提供了丰富的经验材料。恩格斯指出，纺织工业、钟表制造和磨房提供了许多力学方面的新事实；染色、冶金和酿造工业的发展为化学积累了新资料；透镜制造业则为光学提供了经验材料。同时，生产的发展，为自然科学提供了新的实验设备和仪器，使系统的精密的科学研究成为可能。先进的实验设备，新的仪器对自然科学的发展具有非常重大的意义，如显微镜的发明和不断改进对细胞的发现，望远镜的发明和不断改进对天文学的发展，可以说有着决定性的作用，但实验设备和新仪器的制

---

① 《马克思恩格斯全集》第 20 卷，人民出版社 1971 年版，第 524 页。

造又总是决定于生产技术发展的水平。

第二，生产的发展，促进了社会各方面的进步，扩张了文明地区。恩格斯说："整个西欧和中欧，包括波兰在内，这时候都在相互联系中发展起来了。"① 文明地区的扩大，为新的科学技术发明的推广和传播创造了有利的条件，从而对自然科学的发展也有巨大的推动作用。

第三，由于生产发展的需要，促进了航海和海外贸易的发展，使许多新的地理材料得以发现。这就扩大了人们的活动范围和知识领域，积累了气象学、动物学、植物学等更多方面的材料，为自然科学进行研究和总结提供了丰富的事实材料。

第四，印刷术的出现为科学技术经验和成果的传播、交流创造了极为方便的条件，而印刷术的发明又是同生产的发展和技术的进步分不开的。印刷术是中国古代汉族劳动人民的四大发明之一。它开始于隋朝的雕版印刷，经宋仁宗时代的毕升发展、完善，产生了活字印刷，并由蒙古人传至了欧洲，所以后人称毕升为印刷术的始祖。中国的印刷术是人类近代文明的先导，为知识的广泛传播、交流创造了条件。印刷技术传到欧洲，加速了欧洲社会发展的进程，它为文艺复兴的出现提供了条件。印本的大量生产，使书籍留存的机会增加，减少手写本因有限的收藏而遭受绝灭的可能性。由于印本的广泛传播及读者数量的增加，过去教会对学术的垄断遭到世俗人士的挑战。宗教著作的优先地位也逐渐为人文主义学者的作品所取代，使读者们对于历来存在的对古籍中的分歧和矛盾有所认识，因而削弱了对传统说法的信心，进而为新学问的发展建立了基础。

---

① 《马克思恩格斯全集》第 20 卷，人民出版社 1971 年版，第 524 页。

印刷使版本统一，这和手抄本不可避免产生的讹误，有明显的差异。印刷术本身不能保证文字无误，但是在印刷前的校对及印刷后的勘误表，使得后出的印本更趋完善。通过印刷工作者进行的先期编辑，使得书籍的形式日渐统一，而不是像从前手抄者的各随所好。凡此种种，使读者养成一种有系统的思想方法，并促进各种不同学科组织的结构方式得以形成。

印刷术的传入使欧洲宗教改革的主张广为传播。马丁·路德曾称印刷术为"上帝至高无上的恩赐，使得福音更能传扬"。在1517年马丁·路德提出他的抗议之前，人们已经用一些本国的民族语言印刷圣经，使宗教改革的条件日趋成熟。福音真理不再是少数人所专有，而为普通百姓所能学习和理解。同时也使宗教信仰因国家不同而有变通，罗马教会再不能保持国际性的划一形式。新教运动的原始动机是纠正教会的弊端，特别是赎罪券的出售，自从印刷术应用到大量的印刷赎罪券以后，出售赎罪券成为一种谋利手段。与此同时，新教徒也利用印刷的小册子、传单和布告等方式，广泛传播其观念和主张，如果没有印刷术，新教的主张可能仅限于某些地区，而不会形成为一个国际性的重要运动，永远结束教士们对学术的垄断、克服愚昧和迷信，进而促成西欧社会早日脱离"黑暗时代"。

在印刷术出现以前，虽然已有民族文学，但印刷术对民族文学的发展影响极为深远。西欧各民族的口语在16世纪之前已发展为书写文字，同世纪逐渐演进成为现代形式，同时一些中世纪的书写文字已在这一过程中消失。一度成为国际语言的拉丁文也日渐式微，终于成为死的语言。新兴的民族国家大力支持民族语文的统一。与此同时，作者们在寻找最佳形式来表达他们的思想；出版商也鼓励他们用民族语言以扩大读者市场。在以民族语言出版书籍越来越容易的情况下，印刷术使各种语文出版物的词汇、语法、结构、拼法和标点日趋统一。小说出版广泛流通以后，通俗语言的地位得到巩固，而这些通用语言又促进各民族文学和文化的发展，最终导致明确的民族意识的建立和民族主义的产生。

印刷促进教育的普及和知识的推广，书籍价格便宜使更多人可以获得知识，因而影响他们的人生观和世界观。书籍普及会使人们的识字率提高，反过来又扩大了书籍的需要量。此外，手工业者从早期印行的手册、广告中发觉印行这类印刷品可以名利双收，这样又提高了他们的阅读和书写能力。

如果说，古代自然科学的产生和发展对生产需要的依赖性已经十分明显，那近代自然科学的发展对生产发展的多方面的依赖关系则更为明显。恩格斯说："以前人们说的只是生产应归功于科学的那些事；但科学应归功于生产的事却多得无限。"① 近代自然科学在生产的推动下，获得了更高的发展，不再局限于天文学、数学、力学等几个部门，其他许多领域都得到了很大的发展。

物理学中由于控制意大利山洪的需要，托里拆利奠定了水动力学的基础；医学和冶金工业的发展使化学逐渐走上了科学的实验道路；哈维（英国，1578—1657）通过对动物和人体生理进行实验研究，发现了血液循环，使生理学开始成为科学。总之，由于生产的发展，人类生产活动领域的扩大，科学资料日益丰富，使自然科学迅速和全面地发展起来。

应当指出，自然科学对于生产的关系不是简单的、机械的依赖关系，它对生产的发展还有着相对的独立性，这种相对独立性的表

---

① 《马克思恩格斯全集》第 20 卷，人民出版社 1971 年版，第 524 页。

现是多方面的，比如，自然科学对生产发展的指导、促进和推动作用，自然科学发展本身的历史继承性，自然科学理论和科学实验的关系，自然科学各部门之间的相互影响，等等，这些因素都对自然科学的发展发生着作用，其中尤其是科学实验（包括观察）对自然科学的发展起着重大作用。当然，这种独立性只有相对的意义，因为自然科学的发展归根到底是依赖于生产的发展，受生产发展的状况所制约的。

### 三、近代自然科学产生和发展的社会条件

恩格斯对古代和近代前期两个不同的社会历史时期作了比较，说明 15－16 世纪欧洲的"文艺复兴"并非古代文化的简单再现，而是在更高阶段上的发展，是在新的历史阶段上产生的资产阶级新文化，从而说明了近代自然科学产生和发展的社会条件。

公元 300 年左右是古代的末期，罗马帝国开始分裂，君士坦丁〔全名盖乌斯·弗拉维乌斯·瓦勒里乌斯·康斯坦丁乌斯（Gaius Flavius Valerius Constantinus），272 年 2 月 27 日－337 年 5 月 22 日，罗马帝国皇帝，306 年至 337 年在位。在多次内战中获胜后，自公元 324 年起成为罗马帝国唯一的统治者。在位期间，兴建新都君士坦丁堡，以与元老院的罗马对抗：推进政府和军事改革，加固帝国的边防〕把希腊的旧城拜占庭改建为帝国的首都，改名为君士坦丁堡，到 4 世纪末（约 394 年）正式分裂为东、西两个帝国。约在 476 年，西罗马帝国灭亡，以君士坦丁堡为都城的东罗马帝国兴起了，它标志着古代奴隶占有制度的终结和中世纪封建制度的开始，恩格斯说："随着君士坦丁堡的兴起和罗马的衰落，古代便完结了。"（《自然辩证法》第 170 页）公元 1453 年，土耳其人攻陷君士坦丁堡，拜占庭

帝国（东罗马帝国）灭亡，这标志着封建制度的瓦解和资本主义的兴起，中世纪终结了，"中世纪的终结是和君士坦丁堡的衰落不可分离地联系着的"（第170页）。在冲破了中世纪长时期的黑暗统治以后，人们着手恢复希腊古典文化，于是出现了文学艺术的繁荣。"新时代是以返回到希腊人而开始的。"（第170页）这就是西欧的文艺复兴时期。

文艺复兴并不只是简单地恢复古代的东西，完全回到希腊人那里。因为两个时期的社会状况已经有了根本的不同，作为文艺复兴的社会基础，这时已经远远超出了希腊时代。中世纪末期比起古代末期来，各方面都发展得多、进步得多了。因此，新时代虽然是以返回希腊人开始的，但不是简单的回复，而是在更高阶段上的发展，是"否定之否定"。恩格斯从以下几个方面对这两个时期作了比较。

第一，文明地区扩大了。古代末期，在西方经济文化比较发达的文明地区，仅限于靠近地中海沿岸的一条狭长地带，由于技术条件的限制和异民族的侵扰，同外界的联系是很困难的，而且本民族的文化科学也往往为异民族的侵扰所中断。但是到了中世纪的末期，文明地区扩大到整个西欧，并且包括了斯堪的纳维亚、波兰和匈牙利，它们已经互相联系起来向前发展了。

第二，与文明地区的扩大相联系，文明民族增加了、发展了。古代末期，莱因河与多瑙河以南（即上述的狭长地带）居住着希腊人和罗马人，这里文化、经济都比较发达；河的北岸居住着许多其他民族，如日尔曼人、德意志人等等，这些民族文化比较落后，但他们却时刻威胁着希腊人和罗马人，形成希腊人、罗马人同这些民族的对立。中世纪末期，随着文明地区的扩大，许多民族进入了文明民族的行列。到了文艺复兴时期，民族语言的兴起，资产阶级的人文主义者不再以拉丁文著述，而以用本民族的文字写作为光荣。在意大利、法国、德国、英国、匈牙利、波兰以及其他国家，都先后达到了新时代的文学艺术的繁荣，拉丁语（以及希腊语）逐渐趋于没落，民族语言和文字的发展为科学技术的发展创造了良好的条件。

第三，生产和科学获得了较高的发展。在文艺复兴时期，出现了许多新的技术发明，传入了一些东方的技术成就，如磁针、造纸、印刷、活字等等，虽然这些技术发明还是零散的、无系统的，但它们促进了生产的发展，促进了商业和海外贸易的发展，促进了航海事业的发展，从而导致新航路和新大陆的发现。所有这些，使得从封建社会内部形成的新的资本主义萌芽更为迅速地成长起来。在生产发展的推动下，科学也得到了更大的进步。

总之，科学的发展同社会的发展是不可分离的。15 世纪下半期，随着近代历史的开始，近代自然科学也开始大踏步地前进，这是在更高的基础上的进一步发展，是新时代的科学繁荣。

## 第二节　自然观的发展

人们的自然观的发展同自然科学的发展有着密切的联系。自然科学的每一个发现、每一个成就都在不断地打击着宗教、唯心主义观念，支持和加强着唯物主义的自然观；而且自然科学的发展不断充实、丰富着唯物主义自然观的内容，促使它的形式不断地改变。恩格斯在《自然辩证法》一书中概述了古代的自然观，以及 19 世纪自然科学的发展同自然观变革之间的联系。

### 一、古代的自然观

约在公元前 6 世纪，位于小亚细亚的伊奥尼亚地区有两个重要的城市米利都和爱非斯，在这里产生了古希腊最初的唯物主义学派。泰勒斯、阿那克西曼德、阿那克西米尼等等都是米利都学派的哲学家，同时也是当时的自然科学家。他们具有原始的唯物主义观点，认为自然现象是客观的，丰富多彩的自然现象有着统一性，但他们只限于"在某种具有固定形体的东西中，在某种特殊的东西中去寻找这个统一"①。换句话说，他们只能将物质同某种具体东西联系起来，例如泰勒斯认为水是万物之始，阿那克西米尼则把空气作为世界本原。这种唯物主义是素朴的，是基于对自然现象的直观，在总体上对自然现象所作的猜测和了解。

差不多与米利都唯物主义学派的产生同时，还产生了一个唯心主义学派，即毕达哥拉斯学派，它的创始人是毕达哥拉斯〔Pythagoras，前572—前497）古希腊数学家、哲学家。无论是解说外在物质世界，还是描写内在精神世界，都不能没有数学。最早悟出万事万物背后都有数的法则在起作用的，是生活在2500年前的毕达哥拉斯。毕达哥拉斯出生在爱琴海中的萨摩斯岛（今希腊东部小岛），自幼聪明好学，曾在名师门下学习几何学、自然科学和哲学。以后因为向往东方的智慧，经过万水千山来到巴比伦、印度和埃及（有争议），吸收了阿拉伯文明和印度文明（公元前480年）的文化〕。毕达哥拉斯把数看作世界的本原、万物的本质。数本是一种抽象范畴，是脱离事物的质的量的表示，将它看作世界本原，实际上是把它当作了实体，这是一种神秘主义的观点。除毕达哥拉斯派以外，在希腊的爱利亚城出现了另一个唯心主义学派——埃利亚派，这一学派的奠基人是克塞诺芬尼，主要代表人物有巴门尼德和芝诺，他们反

---

① 《马克思恩格斯全集》第20卷，人民出版社1971年版，第525页。

对素朴唯物主义和自发的辩证法思想。

稍后一些时候的留基伯（约前500—约前440年，是古希腊唯物主义哲学家，原子论的奠基人之一。一说他出生在古希腊的米利都，又传他生在色雷斯南部沿海的古希腊殖民地阿布德拉。约逝于公元前440年。留基伯是率先提出原子论的哲学家，也是德谟克利特的老师。）和德谟克利特〔约前460—前370年或前356年，古希腊的属地阿布德拉人，古希腊伟大的唯物主义哲学家，原子唯物论学说的创始人之一，率先提出原子论（万物由原子构成）古希腊伟大哲学家留基伯是他的导师。〕是古希腊的唯物主义哲学家。留基伯第一个提出了原子和虚空的学说，他把原子看作不可分割的物质粒子。德谟克利特继承和发展了留基伯的思想。伊壁鸠鲁是古希腊最后一个唯物主义原子论的哲学家，他把唯物主义的原子论向前发展了。

古希腊哲学中除了素朴的唯物主义，还有自发的辩证法观点。亚里士多德是古代最大的辩证法家。尽管这时的唯物主义和辩证法观点是原始的、自发的，然而在本质上是正确的，他们对世界提出过许多天才的思想和猜测。

总起来说，古代自然观主要具有如下的特点：

第一，古代的自然观中占统治地位的是原始的、素朴的唯物主义，他们将某种具体的物质形态理解为世界的本质，他们对于自然现象的理解都是基于素朴的直观。

第二，古代的自然观是素朴的唯物主义同自发的辩证法相结合的，它从变化、发展的观点来观察整个自然界。

第三，在古代的自然观中，哲学同自然科学是结合在一起的，那时还没有独立的自然科学，只有包罗万象的知识总汇。古代的哲学家同时又是自然科学家。

第四，在古代的自然观中，开始有了灵魂和肉体的对立，这就是后来"分裂"的种子；而且从哲学产生的时候起，就有了唯物主义和唯心主义的对立。

## 二、形而上学自然观的形成

形而上学自然观形成于 16－18 世纪上半叶是有其历史原由的，这和当时自然科学发展的状况密切相关。经过中世纪教会对科学的摧残，这时的科学水平仍然很低，成果也不多；古代还留传下来一些科学材料，而中世纪则什么也没有留传下来。在这种情况下，自然科学的首要任务就是整理现有的一些材料和搜集大量新的材料，为今后的研究作准备。

在这个阶段，自然科学除了经典力学发展成熟外，别的学科进展都很缓慢。物理学除光学因为天文学的实际需要而得到一定发展外，对热、声、电、磁只有初步的研究。化学刚刚从炼金术中解放出来，但还在信奉"燃素说"，"氧化说"还没有确立。地质学还没有从矿物学中分化出来。生物学主要是搜集和初步整理材料，对动物和植物仅仅作了粗浅的人为分类。总的说来，从这个时期自然科学的发展状况来看，人们除了对自然界最简单的运动形式——机械运动有了比较系统的认识外，对其他的运动形式还不能给予科学的说明。经典力学在自然科学中占据中心地位，其他学科多数处于搜集材料的阶段。牛顿力学（牛顿力学属于经典力学范畴，是以质点作为研究对象，着眼于力的作用关系，在处理质点系问题时，强调分别考虑各个质点所受的力，然后来推断整个质点系的运动状态；牛顿力学认为质量和能量各自独立存在，且各自守恒；它只适用于物体运动的惯性参照系；牛顿力学较多采用直观的几何方法，在解决简单的力学问题时，比分析力学方便简单。）解释机械运动获得了巨大成功，使人们用力学的观点去说明一切自然现象，把一切运动形式都归结为机械运动，因而形成了近代机械论的自然观。

与自然科学只有初步发展的状况相适应，形成了形而上学的自然观。恩格斯说："这个时代的特征是一个特殊的总观点的形成，这个总观点的中心是自然界绝对不变这样一个见解。"① 按照这种形而上学的观点，自然界的一切都是过去如此、现在如此、将来还是如此的。恒星是固定不动的，地球上的一切永远没有变化，一切山岳河流都是从来如此的，植物和动物的种类，一旦产生就从此确定下来，相同的东西只能产生相同的东西，物种是不变的。总之，他们把一切自然现象看作是互不联系、各自孤立的东西，它们只在空间中彼此并列地存在着，而无时间上发展变化的历史。

## 第三节 自然观和自然科学的关系

### 一、形而上学自然观对自然科学的危害

形而上学的自然观对自然科学的发展危害极大，它使 18 世纪自然科学在自然观上低于古代希腊，甚至导致唯心主义和神秘主义的目的论。恩格斯说："虽然 18 世纪上半叶的自然科学在知识上，甚至在材料的整理上高过了希腊古代，但是它在理论地掌握这些材料上，在一般的自然观上却低于希腊古代。"② 古希腊的哲学家把自然界看成是相互联系和相互作用的整体，是变化、发展着的事物。这

---

① 《马克思恩格斯全集》第 20 卷，人民出版社 1971 年版，第 364 页。
② 《马克思恩格斯全集》第 20 卷，人民出版社 1971 年版，第 365 页。

种观点在当时虽然具有原始的、素朴的性质，然而在本质上却是正确的；而18世纪的自然科学家们却把自然界看作是僵死不动、永无变化和发展的东西。这种观点不仅阻碍着自然科的进步和发展，而且最终使它陷入神学的禁锢之中。因为坚持这种观点，在解释自然界中一些带有根本性的问题时就遇到了不可克服的困难，比如说，既然自然界的一切都是从来如此的，那么地球围绕太阳的运动最初是如何形成的？地球上无限多样的动物和植物的种类是如何产生的？人类最初又是怎样产生出来的？等等。对于这些问题，形而上学者是无法解答的，他们最终不得不用超自然的原因来说明。牛顿（牛顿于1643年1月4日生于英格兰林肯郡格兰瑟姆附近的沃尔索普村。1661年入英国剑桥大学圣三一学院，1665年获文学士学位。随后两年在家乡躲避鼠疫，他在此间制定了一生大多数重要科学创造的蓝图。1667年牛顿回剑桥后当选为剑桥大学三一学院院委，次年获硕士学位。1669年任剑桥大学卢卡斯数学教授直到1701年。1696年任皇家造币厂监督，并移居伦敦。1703年任英国皇家学会会长。1706年受英国女王安娜封爵。在晚年，牛顿潜心于自然哲学与神学。1727年3月20日，牛顿在伦敦病逝，享年84岁。）用神的"第一推动力"来说明地球最初的运动；林耐用上帝的安排来解释动物和植物物种的形成；至于人的产生问题，也只好用上帝造人来回答。所以恩格斯总结说："哥白尼在这一时期的开端给神学写了挑战书；牛顿却以关于神的第一次推动的假设结束了这个时期。"[①]

## 二、辩证唯物主义自然观的产生及其自然科学基础

18世纪中叶以来，西欧工业革命促使整个自然科学发展到一个

_____

① 《马克思恩格斯全集》第20卷，人民出版社1971年版，第365页。

新的阶段，不但冲击了传统的机械唯物主义自然观，也使思辨的自然哲学失去了存在的基础。这一时期，在自然科学中出现了一系列重大发现。例如：康德－拉普拉斯的星云假说（星云说）描绘了整个太阳系在时间进程中逐渐生成的历史，英国地质学家 C·赖尔描述了地层的缓慢演化，生物学家 C·R·达尔文又以丰富的事实论证了生物通过自然选择而进化的历程，化学家德国的 F·韦勒用无机原料人工合成尿素，证明了无机界同有机界之间的联系等等。

辩证唯物主义自然观的形成是一个时间较长的过程，经历了"根本观点的产生"和"理论体系的确立"这样两个阶段。二者在自然科学基础的厚度、马克思和恩格斯对自然科学及自然哲学的研究深度、相关理论观点的广度和精度、理论本身的逻辑性和体系化程度等方面都存在着明显的区别。正视这一点，对我们准确把握辩证唯物主义自然观具有重要的意义。

第一，在天文学中，给形而上学自然观打开第一个缺口的是康德的星云假说。1755 年，德国古典哲学家康德出版了《宇宙发展史概论》一书，他在书中提出了太阳系起源的星云假说，并回答了天体为什么在自己轨道上运行的问题。康德的星云假说结合当时的力学成就，依据当时天文学家观测到的云雾状天体的资料，认为太阳系起源于弥漫状的原始物质即原始星云，原始星云在自身引力和斥力的相互作用下，由于吸引不断凝聚，由于排斥发生旋转，逐步形成有序的天体系统。这个假说，告诉大家天体不是一成不变的，而是演化而来的，这为天体演化学的发展奠定了基础，更重要的是它以自然界自身吸引与排斥的矛盾来说明天体的运动。于是，"关于第一次推动的问题被取消了；地球和整个太阳系表现为某种在时间的进程中逐渐生成的东西"。[①] 康德的星云假说既否定了"神的第一次推动",又批判了宇宙神创论,为辩证唯物主义自然观的产生提供了天文学的依据。但是,康德星云假说的提出,并没有在社会上产生广泛的影响。直到 40 多年后的 1796 年,法国的天文学家拉普拉斯独立于康德提出了类似的星云假说,康德的星云假说才逐渐被人们所接受,后人统称这个学说为"康德—拉普拉斯星云假说"。

第二,在地质学中,赖尔的"渐变论"批判了居维叶的"灾变论",奠定了地质学发展的思想基础。〔赖尔,马丁·赖尔(Martin Ryle, 1918 - 1984 年),英国天文学家。1918 年 9 月 27 日生于萨塞克斯郡布赖顿。1939 年毕业于牛津大学。1945 年到剑桥大学卡文迪什实验室工作。1957 年兼任马拉德射电天文台台长,1959 年任剑桥大学射电天文学教授,1952 年当选为英国皇家学会会员,1972 年被任为皇家天文学家。1963 年研制成功两天线最大变距为 1.6 千米的综合孔径射电望远镜,综合孔径射电望远镜的诞生开创了射电天文学的新纪元。因这一重大贡献,他荣获 1974 年诺贝尔物理学奖。居维叶(Georges Cuvier, 1769 年 8 月 23 日 - 1832 年 5 月 13 日)法国动物学家,比较解剖学和古生物学的奠基人。生于蒙贝利亚尔,卒于巴黎。〕

18 世纪下半叶,由于地质勘测、采掘矿石和开凿运河,人们掌握了大量古生物化石的材料,这些材料向人们展示出生物化石有一个从低级到高级渐进发展的过程。法国的比较解剖学家、古生物学家居维叶根据生物化石和地层的不连续性,提出了灾变假说,认为生物化石的变化是地球表面发生的大规模灾变引起的,上帝是灾难

---

① 《马克思恩格斯全集》第 20 卷,人民出版社 1971 年版,第 366 页。

的制造者，上帝的惩罚使地球的生物全部灭绝，然后再创造出生物。英国的地质学家赖尔在 1830 年出版了《地质学原理》一书，提出了与居维叶完全不同的地质学理论，那就是关于地球地层缓慢进化的学说——渐变论。赖尔认为地球表面的变迁是由于各种自然力，如风雨、河流、潮汐、火山、地震等因素综合作用的结果，不是超自然的力量和上帝的意志导致的。赖尔认为地球的缓慢变化是一种渐进作用，地球的变化不是由上帝的惩罚造成的。赖尔的功绩在于把发展变化的思想引进了地质学，批驳了居维叶的灾变论，为辩证唯物主义自然观的产生提供了地质学的依据。

第三，在物理学中，能量守恒与转化定律的发现，沉重地打击了形而上学的自然观。1842 年德国医生迈尔在科学史上首先论述了能量守恒原理，1847 年德国物理学家亥姆霍兹论证了能量守恒原理的普遍性，1850 年，英国物理学家焦耳（James Prescott Joule，1818 年 12 月 24 日－1889 年 10 月 11 日，英国物理学家，出生于曼彻斯特近郊的沙弗特。由于他在热学、热力学和电方面的贡献，皇家学会授予他最高荣誉的科普利奖章。后人为了纪念他，把能量或功的单位命名为"焦耳"，简称"焦"；并用焦耳姓氏的第一个字母"J"来标记热量。）用实验证明了能量守恒原理。能量守恒定律为哲学的运动不灭原理提供了自然科学依据，被恩格斯称为 19 世纪伟大的运动基本定律。19 世纪之前，人们普遍认为电和磁是两种本质上毫不相干的现象，由法拉第、麦克斯韦建立的电磁理论，发现电和磁可以相互转化。能量守恒和转化定律的发现、电磁理论的建立，打破了那种认为力、热、光、电、磁彼此无关的形而上学观点，实现了人类对自然认识的又一次综合。

第四，化学，特别是有机化学的迅速发展，从另一个方面向形而上学自然观进行了攻击。近代形而上学自然观在化学领域的主要表现是，认为无机物与有机物之间没有联系，二者之间存在着不可逾越的鸿沟，有机物只能从有机物中产生而不能从无机物中产生，也就是不可能由无机物质合成有机物质。1824年德国化学家维勒（1800年7月31日—1882年9月23日，德国化学家）首次由无机物人工合成了有机物——尿素，这一成就批驳了19世纪初期流行的"生命力论"一说，证明了化学定律在无机物和有机物中同样适用，揭示了无机界与有机界的内在联系。这个成就"证明了化学定律对有机物和无机物是同样适用的，而且把康德还认为是无机界和有机界之间的永远不可逾越的鸿沟大部分填起来了"。（第14页）同样，19世纪化学的其他成就，如：原子—分子学说的提出、元素周期律的发现极大地推动了化学的发展，使化学成为自然科学中一门独立的学科。

第五，在生物学中，细胞学说和达尔文的进化论给形而上学自然观以致命的打击。1838年，德国植物学家施莱登（德国植物学家引，细胞学说的创始人之一。生于汉堡，卒于法兰克福。1824—1827年在海德堡学习法律，并在汉堡做过律师。因对植物学有浓厚兴趣而攻习植物学，于1831年毕业于耶拿大学。1850年任耶拿大学植物学教授。当时植物学界流行的研究是形态分类学，而他则通过研究植物显微镜下的结构来描述和命名新种。）提出一切植物都是由细胞构成的，1839年，德国动物学家施旺（Schwann Theodor 1810年12月7日生于诺伊斯，1882年1月11日殁于科隆。德国生理学家，细胞学说的创立者之一，普遍被认为是现代组织学的创始人）提出细胞是一切动物的基本单位。细胞学说的提出打破了动、植物的界限，证明了生物界的统一性。英国生物学家达尔文于1859年出版

《物种起源》一书，认为任何物种都有产生、发展和灭亡的历史。生物进化论的提出摧毁了上帝创世说，否定了物种不变论，产生了广泛的社会影响。

总之，自然科学的各个领域在这个时期都得到了迅速的发展，提供了丰富的材料。以能量守恒和转化定律、细胞学说和达尔文进化论这三大发现为中心的自然科学的重大成就，深刻地揭示了自然界的普遍联系和发展的辩证性质，把形而上学自然观弄得百孔千疮。马克思和恩格斯概括了自然科学的这些新成就，创立了辩证唯物主义的自然观。恩格斯说："新的自然观的基本点是完备了：一切僵硬的东西溶化了，一切固定的东西消散了，一切被当作永久存在的特殊东西变成了转瞬即逝的东西"①。

## 第四节　自然界的发展历史

自然科学的发展使自然界的发展历史愈来愈清晰地展现出来，"整个自然界被证明是在永恒的流动和循环中运动着"（第16页）。恩格斯依据当时自然科学的成就，描绘了自然界发展历史的图景，对辩证唯物主义自然观的这个基本点作了全面的发挥。

### 一、从原始星云到人类社会的辩证发展

辩证唯物主义自然观认为自然界的任何事物都经历着由简单到复杂、由低级到高级的发展过程。从这个观点出发，并根据当时的自然科学材料，恩格斯分析了从原始星云到人类社会的发展过程。

① 《马克思恩格斯全集》第20卷，人民出版社1971年版，第364页。

　　首先，恩格斯根据康德—拉普拉斯的星云假说，叙述了天体、星系的起源和发展。当时认为，我们银河系中的恒星是由炽热的、旋转的弥漫物质（即原始星云）演化而来的。由于原始星云内部吸引和排斥的相互作用，而不断地收缩和冷却，逐渐形成了恒星和星系。在银河系内部有无数个太阳和太阳系，它们处于不同的演化阶段。很远的河外星云是像银河系一样的"独立的宇宙岛"，它们也有自己的发展阶段。我们太阳系的太阳、行星和卫星也是由炽热的、云雾状的原始星云逐渐演化发展而来的。康德—拉普拉斯星云假说在 19 世纪是被公认的，由于受历史条件的限制，不可避免地又有不少缺陷。现代天文学虽然还不能精确地描述太阳系起源和演化的具体过程，但也较 19 世纪有了不少进展。这些成就表明：我们今天所观测到的具有不同形态的各类天体反映了天体演化的不同阶段。例如，现代天文学已经基本上搞清楚了恒星的起源和演化过程，指出它要经历以下几个主要阶段：早期阶段——主要指气体云在引力作用下形成恒星的阶段；中期阶段——指星体内部开始进行核反应，并且一种核反应完了接着又产生另一种新的核反应，一直到核燃料消耗完为止，太阳就是处在这个旺盛时期的一颗恒星；晚期阶段——当核反应结束后，在引力作用下，恒星中的一部分物质抛射到太空中去又成为星际气体，另一部分核心就坍缩成为各种致密天体，如白矮星、中子星、黑洞等。

　　在太阳处于热核反应的炽热高温条件下，它的表面绝大部分地区基本上没有化学的运动形式，只有机械的和热、光、电、磁的运动形式及其相互转化。在地球温度逐渐下降的过程中，物质和运动都逐渐分化。温度下降到一定程度时，出现了化合物和化学的运动形式。温度进一步下降，出现物质聚积状态的分化，即气态、液态和固态。地球形成了地壳、地幔和地核。在地球表面出现了地球圈层的分化，形成了气圈、水圈和岩石圈。此后又相继出现了比较复杂的气象的、地质的运动变化形式。

其次，恩格斯考察了地球上生命的起源。恩格斯认为，"生命是蛋白体的存在方式"①。生命现象是物质发展到一定阶段的产物，生命的起源必定是通过化学的途径实现的。所以恩格斯指出："如果温度降低到至少在相当大的一部分地面上不高过能使蛋白质生存的限度，那末在其他适当的化学的先决条件下，有生命的原生质便形成了。"②

生命的出现是自然界物质发展的一个巨大的飞跃，从此便开始了物质运动的高级形式——生命运动形式的发展历史。生命的发展也是一个逐步分化的过程，起初只有无结构的蛋白体执行着生命的主要动能。随后，不知道经过了若干万年，才产生了细胞。最初出现的只是单细胞的生物，后来才不断发展到多细胞生物，并且分化为植物和动物。动物的发展，又分化出无数的物种，并且发展出较为复杂、较为高级的动物。在动物发展的进程中，起初，只有无脊椎动物，随后产生了脊椎动物，脊椎动物的一个分支又向前发展，出现了哺乳类动物，哺乳类动物的高度发展，出现了一种有意识活动和思维活动的哺乳动物，那就是人类。人类的出现，是自然界物质运动发展的又一个巨大的飞跃，从此便开始了人类的历史。

恩格斯说："人也是由分化产生的。"（第18页）经过若干万年的发展，脊椎动物中的猿类，由于生活条件的改变，不能长期寄居在大森林里，而要到平地来觅食过活，这样经过几万年的长久努力，

---

① 《马克思恩格斯全集》第20卷，人民出版社1971年版，第646页。
② 《马克思恩格斯全集》第20卷，人民出版社1971年版，第646页。

手脚开始分化，并且开始了直立行走。手的发达，能够制造工具，于是人和猿就区别开来了。由于劳动，产生了最初的语言，而语言是交流思想的工具，这样也就促进了人类思想活动的发展，于是人就最终地在物种方面从动物中提升出来，依靠手脑的结合，创造着人类自己的历史。

综上所述，自然界是一个不断变化发展的过程。从原始星云到我们的太阳系，从非生物到生物，从无意识活动的生物到有意识活动的人，都是自然界发展过程显现出来的各种物质形态。自然界的发展，表现为物质形态的由低级向高级的转化。

## 二、自然界的无限发展过程

恩格斯认为自然界是无限发展的过程，任何有限的事物都是有生有灭的。总星系、银河系、太阳系、地球、生命以及人类，都是自然界在无限发展过程中，在某一发展阶段的特定条件下产生出来的东西，因而不可避免地也要走向死亡。

恩格斯依据运动的不灭性原理，不仅肯定了太阳系从生到死的转化，而且肯定地指出太阳系未来由死到生的转化，精辟地论述了宇宙的无限发展。恩格斯指出，既然有一个时期我们银河系的物质自身曾经按照自然的途径，通过运动的转化，把如此大量的某种运动转化为热，并从中发展出千万个太阳和太阳系。并且，这种转化是运动着的物质本来具有的。那么，同样地也应当承认，这种转化的条件也必然要被物质再生产出来。

恩格斯还以运动不灭原理为依据批判了宇宙热寂论，进一步论述了宇宙发展的无限性。宇宙热寂论是歪曲热力学第二定律而作出的唯心主义谬论。宇宙热寂论认为，在宇宙中机械的、物理的、化学的等等运动形式，最后都将转为热运动，而热却不能再转化为其他的运动形式，热只能从高温物体自行传到低温物体，不断地消散于宇宙空间，当整个宇宙逐渐趋向于热平衡状态时，最终一切运动都将停止，宇宙处于死寂的状态。这种观点将运动分化以前和分化以后的物质只局限于处于绝对平衡状态的热运动形式，而否认了物质运动形式的质的多样性及其无限的转化能力，因而是违背运动不灭性原理的。所以恩格斯说："克劳胥斯的第二原理等等，无论以什么形式提出来，都不外乎是说：能消失了，如果不是在量上，那也是在质上消失了。"①

　　总之，整个宇宙是在物质运动的永恒循环中无限发展着。在这个永恒循环中，物质经历着无数次的分化，无数次地展开其质的多样性。物质的一切有限的存在方式生了又灭，灭了又生，永无止境。

---

　　① 《马克思恩格斯全集》第 20 卷，人民出版社 1971 年版，第 629 页。

# 第二部分　理论精读

## 第一章　辩证唯物主义的物质运动观与科学分类

19 世纪，机械论的观点在自然科学中影响很大，虽然能量守恒和转化定律早已发现，但是有些自然科学家并没有完全理解这一定律的内容和意义，更谈不上在自然科学研究中自觉地运用这一定律。他们看不到各种不同运动形式之间的区别和联系，醉心于把一切运动都归结为机械的运动。针对部分自然科学家的错误认识，恩格斯在《自然辩证法》一书中，论述了物质的客观实在性，说明物质是不依赖于人的意识的客观存在；论述了物质的可分性，说明物质从其结构来看是可分性和不可分性的辩证统一；论述了空间、时间和物质的关系，说明空间和时间是物质的存在形式；论述了运动和平衡的辩证关系，说明平衡是运动的一种特殊状态，是物质分化的根本条件，平衡是相对的、暂时的，运动才是绝对的、永恒的等等。这些就是辩证唯物主义关于物质运动的一些基本观点。

## 第一节　辩证唯物主义的物质观

### 一、物质是不依赖于人的意识的客观存在

辩证唯物主义认为："物质是标志客观实在的哲学范畴，这种客观实在是人感觉到的，它不依赖于我们的感觉而存在，为我们的感觉所复写、摄影、反映。"[①] 随着科学的发展，我们知道在人类出现以前的很长时间里，地球上就已经有了各种各样的动植物。在地球形成以前，各种无生命的物质也已经存在于宇宙太空了。所谓原始物质就是指太阳系形成以前，处于浑沌状态的物质，例如星云。"在星云的气团中，一切实物虽然各自分开地存在着，却都融为纯粹的物质本身"[②]。在原始星云的气团中，各种具体的运动形式刚刚开始分化，各种特殊的属性也还没有显示出来，这时它仅仅以一种纯粹的物质即客观实在的形式展现在我们面前。恩格斯在谈到以太时就曾经说："如果它真的存在着，那么它就必定是物质的，就必定归于物质概念之下。"[③] 世界上各种复杂的现象，追根溯源，都是运动着的物质的不同表现，没有什么超物质的原因，因此恩格斯说："终极的原因——物质及其固有的运动。"[④]

物质概念是在各种各样的具体物质形态的基础之上所作的科学的抽象。对千千万万种物质形态加以分析研究，找出它们的共同本

---

① 《列宁全集》第 14 卷，人民出版社 1955 – 1959 年版，第 128 页。
② 《马克思恩格斯全集》第 20 卷，人民出版社 1971 年版，第 586 页。
③ 《马克思恩格斯全集》第 20 卷，人民出版社 1971 年版，第 587 页。
④ 《马克思恩格斯全集》第 20 卷，人民出版社 1971 年版，第 586 页。

质，在哲学上加以概括，就得出抽象的物质概念来。恩格斯说："这种物质并不是抽象。"① 人们所接触到的物质都是具体的，可以通过人的感官或科学仪器感受到的。抽象的物质寓于具体的物质形态之中，只有通过各种具体的物质形态，才能把握抽象的物质概念。

## 二、物质是可分性和不可分性的统一

自然科学的材料证明，物质具有复杂的结构。地球上的物体是由分子组成，分子由原子组成，原子由电子和原子核组成，原子核由比它微小的核子组成，核子又由层子（夸克）组成，层子（夸克）的特性也是不可穷尽的。虽然"分"的形式各有不同，但是自然界的确没有什么最简单的、没有内部结构、不可能再"分"的"基本"粒子，这是物质的可分性的一面。但是，物质还具有另一方面的性质，即不可分性。恩格斯根据当时的科学材料指出：物质的不可分性表现为：在一定的范围内，对物质的分割有一定的界限。哺乳动物的机体是不可分割的，就像脱离了身体的手，只是名义上的手。在物理学中，物体的分割有一定的界限，那就是分子。在化学中，分子的分割有一定的界限，那就是原子，等等。可见，物质就其结构而言，是连续和间断的对立统一，可分性和不可分性的对立统一。恩格斯引用黑格尔的话说："物质既是两者，即可分的和连续的，同时又不是两者"。② 现代自然科学的发展证实了恩格斯这一观点的正确性。例如，光不仅是一种连续的波动，而且也是一种间断的"微粒"，电子不仅是一种间断的微粒，而且也是一种连续的"波动"，它是波动性和粒子性的对立统一。

① 《马克思恩格斯全集》第 20 卷，人民出版社 1971 年版，第 586 页。
② 《马克思恩格斯全集》第 20 卷，人民出版社 1971 年版，第 588 页。

### 三、空间和时间是物质存在的形式

黑格尔在《自然哲学》一书中指出，物质和运动不可分割，没有无物质的运动，也没有不运动的物质。物质是在空间和时间中运动的。物体运动的速度是单位时间内物体所经过的距离，它表示物体运动的量。这样，运动就是空间和时间的直接统一。

恩格斯在《反杜林论》《自然辩证法》等著作中，批判地继承和发展了黑格尔这些观点，认为空间和时间是物质存在的形式，离开了物质，时间和空间只是头脑中存在的空洞的观念。

空间和时间与物质有着密切的关系。首先，空间和时间是物质存在的形式。客观世界有各种各样的物质形态，它们都是存在于现实空间中，在现实空间中运动；而且它们又随着时间的流逝在变化着、发展着。所以，当我们研究任何事物时，都要指明它的空间位置或广延性，指明它在运动过程中的发展顺序或持续性。

其次，时间和空间的特性是随着物质特性的变化而变化的。狭义相对论证明，当物体运动的速度接近光速时，随着运动速度的增加，沿运动方向的长度就会缩短，进行的过程的时间间隔就会加长。广义相对论进一步证明，空间的几何形状和物质的分布状态有密切联系。广义相对论是阿尔伯特·爱因斯坦在 1916 年发表的用几何语言表述的引力理论，它代表了现代物理学中引力理论研究的最高水平。广义相对论将经典的牛顿万有引力定律包含在狭义相对论的框架中，并在此基础上应用等效原理而建立。在广义相对论中，引力被描述为时空的一种几何属性（曲率）；而这种时空曲率与处于时空中的物质与辐射的能量－动量张量直接相联系，其联系方式即是爱因斯坦的引力场方程（一个二阶非线性偏微分方程组）。

从广义相对论得到的有关预言和经典物理中的对应预言非常不相同，尤其是有关时间流逝、空间几何、自由落体的运动以及光的传播等问题，例如引力场内的时间膨胀、光的引力红移和引力时间延迟效应。广义相对论的预言至今为止已经通过了所有观测和实验的验证——虽说广义相对论并非当今描述引力的唯一理论，它却是能够与实验数据相符合的最简洁的理论。不过，仍然有一些问题至今未能解决，典型的即是如何将广义相对论和量子物理的定律统一起来，从而建立一个完备并且自洽的量子引力理论。总之，现代物理学的成果丰富和证实了恩格斯关于时间、空间和物质运动相互联系的正确论断。

## 第二节　辩证唯物主义的运动观

辩证唯物主义运动观不同于唯心主义、形而上学以及机械论的运动观。唯心主义离开了物质去考察运动，它们把世界的运动看作是人的感觉、表象、思想的运动，或者看作某种"绝对精神"的运动；形而上学的唯物主义离开了运动去考察物质，它们把一切事物都看成永远不变化的，即使有变化也只是数量的增减和场所的变更，变化的原因不在事物的内部而在事物的外部；机械论则把物质运动简单化，把高级运动形式归结为低级运动形式，把一切运动归结为机械运动。与此相反，辩证唯物主义认为："运动，就最一般的意义来说，就它被理解为存在的方式、被理解为物质的固有属性来说，它包括宇宙中发生的一切变化和过程，从单纯的位置移动起直到思维。"①

---

① 《马克思恩格斯全集》第20卷，人民出版社1971年版，第408页。

恩格斯在研究运动的基本形式时，首先对辩证唯物主义运动观的若干基本原理进行了说明。

## 一、运动是物质的存在方式

辩证唯物主义认为世界是物质的世界，运动也只能是物质的运动，即使是人的感觉、表象、思维活动也都是高度发展的物质即大脑的产物。物质的属性只有在运动中才能显示出来，物质的各种形式也只有通过运动才能认识。世界上各种千差万别的现象都是物质运动的结果表象。

运动和物质的不可分离，还表现为一切运动形式都有着自己的一定的物质承担者。根据当时的自然科学成就，恩格斯指出，机械运动的物质承担者是天体和地球上的物体（即宏观物体），物理运动的物质承担者主要是分子，化学运动的物质承担者是原子，生物运动的物质承担者是蛋白质。虽然，现代自然科学的发展表明，一种运动形式的物质承担者并不是单一的，例如物理运动形式的物质承担者不仅是分子，还有原子、原子核以及"基本"粒子，生物运动的物质承担者还有核酸，等等。但是，一定的运动形式和一定的物质承担者相联系这一点却是肯定正确的。

总之，辩证唯物主义所说的物质，是指运动着的物质；辩证唯物主义所说的运动，是指物质的运动。正如恩格斯在《反杜林论》中所说："没有运动的物质和没有物质的运动是同样不可想象的。"

## 二、物质运动形式的多样性和同一性

客观世界是丰富多彩的物质世界，它存在着多种多样的运动形式。每一种运动形式都有其特殊的本质，这种本质为它自己的特殊矛盾所规定。恩格斯根据当时的自然科学成就，把自然界的基本的运动形式分为 4 种：机械运动、物理运动、化学运动和生物运动。每种运动形式有其特殊的矛盾。例如，机械运动中的作用和反作用；物理运动中的阴电与阳电、各种微观粒子之间的吸引和排斥；化学运动中的化合和分解；生物运动中的同化和异化、遗传和变异等等。

不同的运动形式之间一方面由于具有不同的特殊的矛盾和特殊的本质而相互区别，另一方面又相互联系，并且在一定条件下相互转化，因而具有同一性。从最低级、最简单的机械运动到最高级、最复杂的思维运动，是一个从简单到复杂、从低级到高级的发展过程。

首先，高级的运动形式由低级的运动形式发展而来，也就是说，高级运动形式在一定条件下也可以转化为低级的运动形式。比如，化学运动发展到一定阶段才产生生命，而化学运动也可以转化为热、电等物理运动。

其次，高级的运动形式中包含有低级的运动形式。恩格斯说："一切运动都是和某种位置移动相联系的"[1]，"一切运动都包含着物质的较大或较小部分的机械运动，即位置移动"。（第 230 页），例如，化学反应过程必然伴随着温度的变化和电的变化。同样，"有机生命不能没有机械的、分子的、化学的、热的、电的等等变化"（第 226 页）。恩格斯说："终有一天我们可以用实验的方法把思维'归结'为脑子中的分子和化学的运动；但是难道这样一来就把思维的本质概括无疑了吗？"（第 226 页）

自然界的各种运动形式是一个由简单到复杂、由低级到高级的

---

[1] 《马克思恩格斯全集》第 20 卷，人民出版社 1971 年版，第 408 页。

辩证发展过程，人类对自然界的认识也符合这个发展过程。恩格斯指出："研究运动的性质，当然应当从这种运动的最低级、最简单的形式开始，先理解了这些最低级的最简单的形式，然后才能对更高级的和更复杂的形式有所阐明。"① 所以，自然科学发展的历史大体上符合这一认识发展的规律。最初发展起来的是力学，随后是物理学，几乎和物理学同时而且有些地方还先于它发展起来的是化学。生物学虽然很早就有了，但是只有在力学、物理学和化学这些研究非生物界各种不同运动形式的科学高度发展以后，才能有效地阐明表现生命过程的各种运动现象。恩格斯说："对这些运动进程的阐明，是随着力学、物理学和化学的进步而前进的。"② 现代自然科学特别是生物物理、生物化学的发展充分地证明了这一点，只有物理学和化学高度发展以后，才可能对生命的本质和内部机制作科学的说明。

## 三、运动和平衡的辩证关系

事物在运动的过程中，在一定条件下，保持着相对稳定的状态，这种状态在哲学上叫作平衡。恩格斯说："平衡是和运动分不开的。"③ 什么地方出现运动，什么地方就有出现平衡的可能性。恩格斯又说："在天体的运动中是平衡中的运动和运动中的平衡（相对的）。"④ 这是因为在太阳系中各行星围绕着太阳沿椭圆轨道运动，它们对于太阳来说，其运行轨道基本上没有变化，这是运动中的平

---

① 《马克思恩格斯全集》第 20 卷，人民出版社 1971 年版，第 408 页。
② 《马克思恩格斯全集》第 20 卷，人民出版社 1971 年版，第 408 页。
③ 《马克思恩格斯全集》第 20 卷，人民出版社 1971 年版，第 589 页。
④ 《马克思恩格斯全集》第 20 卷，人民出版社 1971 年版，第 589 页。

衡；然而，各行星又时刻围绕着太阳在转动，这又是平衡中的运动。所以平衡是相对的、暂时的。物体的平衡状态首先是相对于一定的物体而言的，如地面上的物体不发生位置移动之所以称为平衡，只是相对于地球而言，事实上，它们时刻都与地球一起围绕着太阳运转；其次是相对于某一种运动形式而言的，地球上静止的物体不发生位置移动，即不发生机械运动，然而，构成该物体的分子、原子却一刻也不停地在进行物理和化学运动。因此，在任何情况下，物体总是处于运动和变化之中，平衡只是运动的一种特殊状态，它是暂时的，不断为运动所打破。所以，一切平衡都是相对的和暂时的，而运动则是绝对的和永恒的。

恩格斯指出，相对的静止和暂时的平衡的可能性是物质分化的根本条件，因而也是生命的根本条件。客观世界的物质形态是多种多样的，它们之间有着质的差别。如果物质是瞬息万变的，没有一个质的相对稳定的阶段，那么，任何事物都不可能具有确定的性质，一事物也不可能与其他的事物区别开来，这样，物质形态的多样性就无法显现出来。事实上，太阳系的发展过程也证实了这个论断。按照拉普拉斯的天体演化假说，在天体（主要指行星）形成以前，太阳系处于激烈变化之中，呈现一片浑沌的云雾状态，由于星云的收缩和冷却才出现了包括我们的地球在内的各个行星；我们的地球逐渐冷却，出现了坚硬的地壳，形成了山川河流，以后产生了生命，继而又分化成动物和植物，最后才出现了人类。如果地球像太阳那样处于炽热状态，没有相对的平衡和静止就不会有今天地球上的这种种物质形态的分化，因而也就不会出现生命和人类。

## 四、运动既不能创造也不能消灭

恩格斯说："既然我们面前的物质是某种既定的东西，是某种既不能创造也不能消灭的东西，那末运动也就是既不能创造也不能消灭的。"（第 54 页）这一结论首先是由哲学做出来的，笛卡儿在 1644 年就提出了运动不灭原理。笛卡儿在《哲学原理》一书中写道："因为运动只不过是运动中的一种方式，然而物质却有一个一定的量的运动，这个量是从来不增加也不减少的。"虽然他所说的运动守恒只是机械的平移运动的运动量（mv）守恒，不了解运动形式的多样性和它们之间的相互转化，并且在表述方式上有缺点——对无限大的运动采取了有限的量来表示，但是他早于自然科学 200 年就提出了这一命题的历史功绩却是不能抹杀的。

19 世纪 40 年代，迈尔、焦耳、亥姆霍茨等人发现了能量守恒和转化定律，从而给哲学的运动不灭原理提供了有力的自然科学论据。能量守恒定律是指能量既不会凭空产生，也不会凭空消灭，它只能从一种形式转化为其他形式，或者从一个物体转移到另一个物体，在转化或转移的过程中，能量的总量不变。这就是能量守恒定律，如今被人们普遍认同。能量守恒定律同时也是自然界最普遍、最重要的基本定律之一。从物理、化学到地质、生物，大到宇宙天体，小到原子核内部，只要有能量转化，就一定服从能量守恒的规律。从日常生活到科学研究、工程技术，这一规律都发挥着重要的作用。人类对各种能量，如煤、石油等燃料以及水能、风能、核能等的利用，都是通过能量转化来实现的。能量守恒定律是人们认识自然和利用自然的有力武器。在能量守恒定律中有个经典的经验性表述就是永动机是不可能造成的，很早以前，人类就开始利用自然的力为自己服务，到了 13 世纪，就有了制造永动机的愿望。到了 15 世纪的时候，伟大的艺术家、科学家和工程师达·芬奇（Leonard·do·Vinci，1452－1519），也开始了永动机的研究工作。他曾设计过一台非常精巧的永动机，但造出来后它并没永动下去。1475 年，达·芬奇认真总结了历史上的和自己的失败教训，得出了一个重要结论："永动机是不可能造成的。"在工作中他还认识到，机器之所以不能永动下去，应与摩擦有关。

于是，他对摩擦进行了深入而有成效的研究。但是，达·芬奇始终没有也不可能对摩擦为什么会阻碍机器运动作出科学解释，即他不可能意识到摩擦（机械运动）与热现象之间转化的本质联系。

此后，虽然人们还是致力于永动机的研制，但也有一部分科学工作者相继得出了"永动机是不可能造成的"结论，并把它作为一条重要原理用于科学研究之中。荷兰的数学力学家斯台文（Simon-Stevin，1548－1620），于 1586 年运用这一原理通过对"斯台文链"的分析，率先引出了力的平行四边形定则。伽利略在论证惯性定律时也应用过这一原理。

尽管原理的运用已取得了如此显著的成绩，但人们研制永动机的热情不减。惠更斯（C·Huygens，1629－1695）在他 1673 年出版的《摆式时钟》一书中就反映了这种观点。书中，他把伽俐略关于斜面运动的研究成果运用于曲线运动，从而得出结论：在重力作用下，物体绕水平轴转动时，其质心不会上升到它下落时的高度之上。因而，他得出用力学方法不可能制成永动机的结论；但他却认为用磁石大概还是能造出永动机来的。针对这种情况，1775 年，巴黎科学院不得不宣布：不再受理关于永动机的发明。历史上，运用"永动机是不可能制成"的这一原理在科研上取得最辉煌成就的是法国青年科学家卡诺。可见，从 1475 年达·芬奇提出"永动机是不可能造成的"起到 1824 年卡诺推出"卡诺定理"止，原理只能在机械运动和"热质"流动中运用，它远不是现代意义上的能量的转化和守恒定律，它只能是机械运动中的能量守恒的经验总结，是定律的原始形态。

1891 年，亥姆霍兹（H·Helmloltz，1821－1894）在回顾他研究力的守恒律的起因时说：“如果永动机是不可能的话，那么在自然条件下的不同的力之间应该存在什么样的关系呢？而且，这些关系实际上是否真正存在呢？”可见，“永动机是不能造成的”还很肤浅，要认识它的深刻的内涵，还须人们付出艰苦的劳动。

但是自然科学对这一定律的表述是不确切、不完整的。亥姆霍茨把这一定律叫作“力的守恒定律”，把各种复杂的运动现象都归结为机械运动；而且他又把“力”看作是吸引运动的表现。19 世纪 60年代以后，物理学家才开始用“能量守恒定律”去代替“力的守恒定律”，而“能”是被了解为排斥的，这就和亥姆霍茨的“力的守恒定律”对立起来。但是，能量守恒定律只说明了运动在量上的不灭性，没有说明运动在质上的不灭性。因此，恩格斯说：“哲学借以作出这个结论来的形式，也比今天的自然科学的表述要高明些。”①后来，恩格斯把“能量守恒定律”改作“能量守恒和转化定律”，才比较完整地表现了运动不灭原理。

## 五、运动的源泉是物体的相互作用

我们所面对着的自然界是各种物体相互联系构成的总体，正是物体的相互联系和相互作用才构成了自然界的运动。恩格斯说：“这些物体是互相联系的，这就是说，它们是相互作用着的，并且正是这种相互作用构成了运动。”② 他又引用了黑格尔的话说：“相互作用是事

---

① 《马克思恩格斯全集》第 20 卷，人民出版社 1971 年版，第 409 页。
② 《马克思恩格斯全集》第 20 卷，人民出版社 1971 年版，第 409 页。

物的真正的终极原因。"（第 209 页）所谓相互作用系指矛盾诸方面的相互作用，即矛盾着的对立面之间的统一和斗争。矛盾是事物运动、变化、发展的动力和源泉，因此它是运动的终极原因。恩格斯说："运动本身就是矛盾。"[1] 在现代科学中，相互作用是指控制系统的反馈过程以及物质系统中发生的物质、能量、信息的交换和传递过程。相互作用原则全面、深刻地揭示了事物之间的因果联系，是因果关系在逻辑上的充分展开。在客观世界的普遍联系链条中，原因和结果经常互移其位、相互转化。受原因作用的事物在发生变化的同时也反作用于原因，从而把因果性关系转变为相互作用的关系。

其中每一方都作为另一方的原因并同时又作为对立面的反作用的结果表现出来。整个物质世界就是各种物质存在普遍相互作用的统一整体，相互作用是事物的真正的终极原因，在它之外没有也不可能有使它运动和发展的原因。相互作用也是系统内部诸要素的关系和联系的形式。要素之间相互作用的方式构成系统存在的基础，系统中要素的相互作用是决定系统发展方向的因素。相互作用只有借助于特殊的物质载体才能实现，相互作用的内容取决于组成要素的物质层次和性质。例如，现代生物学把相互作用划分为分子的、细胞的、器官的、机体的、种的、生物圈等不同水平的形式。社会生活是最复杂的相互作用的形式。

相互作用范畴具有重要的方法论意义。认识事物意味着认识它们的相互作用，要揭示事物的本质属性，就必须研究事物之间具体的相互作用的特殊性。相互作用的实质是矛盾以及矛盾诸方面的相互依存和斗争。在诸多因素的相互作用中，必有一种起着主导的决

---

[1]　恩格斯：《反杜林论》，人民出版社 1970 年版，第 117 页。

定的作用。在实际工作中，只有认清事物之间相互作用的特点和规律性，才能认识和把握事物的本质。

总之，自然界运动变化的根本原因是自然界的内部的矛盾，而不是什么外来的"神的第一推动力"。

### 六、批判机械论在运动观上的错误观点

19 世纪，德国的化学家凯库勒在其著作《化学的科学目的和成就》中给各门科学下了定义。但是，凯库勒的说法较为含混，他看不到从一种运动形式到另一种运动形式的转变，因而也就看不到从一门科学到另一门科学的过渡是一个质的飞跃；看不到运动形式的转化过程中量变和质变的辩证关系。

然而，有的自然科学家却把凯库勒的观点加以引伸和歪曲，认为"力学是质量的静力学和动力学，物理学是分子的静力学和动力学，化学是原子的静力学和动力学"（第 229—230 页）。这样就把化学运动归结为纯粹的机械过程，不适当地缩小了化学研究的领域。诚然，一切运动（包括化学运动在内）都包括或大或小的机械运动，认识机械运动是科学最初的任务，但也只是最初的任务。物理运动和化学运动还有自己的特殊规律，物理和化学负担着更为复杂的研究任务，所以不能把物理运动和化学运动归结为纯粹的机械运动。从运动形式的物质承担者来看也不能把化学归结为力学，力学（指经典力学）所研究的是天体和地球上的物体（质量）的运动，而化学则是研究原子运动的科学。它们各有自己特殊的运动规律，不能互相归结。

恩格斯曾经把物理学叫作分子的力学，化学叫作原子的物理学，生物学叫作蛋白质的化学，但是他强调指出："我是想借此表示这些科学中的一门向另一门的过渡，从而既表示出两者的联系和连续性，

也表示出它们的差异和非连续性。更进一步把化学也叫做力学的一种，这在我看来是不能容许的。"[1]

机械论者不仅把一切运动形式归结为机械运动，而且把一切质的差异仅仅归结为量的差异，他们认为"所有的物质都是由同一的最小的粒子所组成，而物质的化学元素的一切质的差异都是由量的差异，即由这些最小的粒子结合成原子时在数目上和在空间排列上的差异所引起的。"[2] 我们知道，量和质是事物的两种规定性，任何事物的质脱离不了一定的量，同样，事物的量也离不开事物的质。量和质的关系是相互的，因此认为"所有物质都由同一的最小粒子组成，一切性质都仅仅由量的差异所引起"的观点是片面的和错误的。

综上所述，机械论的自然观的错误在于：把一切运动形式归结为机械运动形式；把一切质的差异归结为量的差异。造成这种错误的原因主要是他们不懂得辩证法。他们不了解各种运动形式之间既有同一性，又有差别性；既有联系，又有本质的区别。他们不了解质和量的关系是辩证的，而是从片面的机械的观点看问题。机械论者以力学作为研究一切问题的出发点，把复杂的自然现象简单化，从而走上了一条错误的道路。

## 第三节　非生物界运动的基本形式是吸引和排斥

### 一、吸引和排斥是非生物界运动的基本形式

自然界中的各种物体之间存在着普遍的相互联系和相互作用。

---

① 《马克思恩格斯全集》第20卷，人民出版社1971年版，第595页。
② 《马克思恩格斯全集》第20卷，人民出版社1971年版，第596页。

既然相互作用是运动的根本原因，那么相互作用在非生物界的具体表现是什么呢？恩格斯运用对立统一规律详尽地研究了非生物界各种运动形式的特殊的矛盾和相互作用，批判地吸收了哲学史上有价值的遗产，给这个问题作出了明确的回答。他指出，在非生物界中，"一切运动都存在于吸引和排斥的相互作用中"[①]。这就是说，吸引和排斥的相互作用是对立统一规律在非生物界中的具体表现，是非生物界各种运动形式的基本的、共同的矛盾，它说明了非生物界运动发展的普遍的原因或普遍的根据。接近和分离、收缩和膨胀、辐射和吸收、凝聚和扩散、结合和分裂、化合和分解等，都是吸引和排斥这一古老的两极对立的不同表现。

关于运动形式中的基本矛盾问题，在哲学史上有过不少的天才的猜测。古希腊的哲学家恩培多克勒（前490—420）提出自然界中水、火、土、气4种元素通过爱和恨、友谊和敌对这种对立的力量相互作用引起运动变化，生动地提出了在自然界中存在着引力和斥力的猜测。柏拉图则认为，同类的东西相互吸引、异类的东西相互排斥。德国古典哲学家中康德第一个用吸引和排斥来解释他的星云假说。黑格尔认为物质的本质是吸引和排斥，它们之间是对立的统一，在一定条件下互相转化。一些著名的科学家对这个问题也作过分析，牛顿认为，一切自然现象"都受某些力的制约，由于某些暂时尚不知道的原因，是有这些力的物体微粒或者是相互吸引，结合成正确的形状，或者是相互排斥，相互碰撞。"[②] 亥姆霍茨根据当时力学的成就，通过计算证明，在保守力场中，两个物体的相互作用一定是中心作用，即沿着联结两个物体中心的直线起作用，这种作

---

① 《马克思恩格斯全集》第20卷，人民出版社1971年版，第410页。
② 《牛顿自然哲学著作选》，上海人民出版社1974年版，第12页。

用使物体互相接近或分离，也就是说，它们不是互相吸引就互相排斥。

恩格斯批判地吸收了哲学史的遗产，利用了亥姆霍茨的计算，作出了一切运动的基本形式是吸引和排斥的结论。但是他着重指出，吸引和排斥并不能仅仅看作是"引力"和"斥力"，而应当被看作运动的简单的形式。正因为一切运动都是和某种位置变动相联系的，所以物体之间的吸引和排斥运动也包含有某种位置变动，表现出物体之间的接近和分离。但是，位置变动并不能把有关的运动的性质包括无遗，因此，决不能把吸引和排斥仅仅看作是机械运动的两种形态、两种"力"或者仅仅是位置的变动，它们是非生物界中一切具体的运动形式中的最基本的相互作用，因而是最基本、简单的运动形式。

## 二、吸引和排斥的辩证关系

吸引和排斥是对立的统一，它们相互制约、相互依存、相互补充，并在一定条件下相互转化，正是它们之间的这种相互作用才构成了非生物界的一切运动。恩格斯说："凡是有吸引的地方，它都必定被排斥所补充。"[1] 同样，凡是有排斥的地方，也都有吸引来作为补充。因为只有吸引和排斥的相互作用才能产生运动，否则会导致运动的停止。例如，行星围绕太阳沿椭圆轨道运动就是吸引和排斥共同作用的结果，如果没有吸引，行星会远离太阳而去；相反，如果没有排斥，行星会落到太阳上去，两者的结果都导致太阳系运动的停止，只有它们之间保持相对的平衡状态才能保持太阳系现有的

---

[1] 《马克思恩格斯全集》第 20 卷，人民出版社 1971 年版，第 587 页。

运动。所以恩格斯说："天体的运动。运动中的吸引和排斥间的近似的平衡。"① 在一定条件下吸引和排斥还可以相互转化。例如，在物质的分子之间，同时存在着吸引和排斥的相互作用。当分子之间距离很大时，分子间的吸引作用很小，热运动（排斥）占优势；若使分子之间的距离缩短到一定阶段时，则分子间的吸引占优势。所以恩格斯说："物质的分散有一个界限，在这个界限上，吸引转变成排斥；相反地，被排斥的物质的凝缩也有一个界限，在这个界限上，排斥转变成吸引。"②

## 三、批判吸引和排斥关系问题上的形而上学观点

恩格斯批判了几种对待吸引和排斥关系问题上的形而上学观点。

首先，恩格斯批判了把吸引和排斥二者割裂开来，从而导致一切运动都停止的观点。在这种观点看来，既然吸引和排斥是互相对立的，那么它们是否可能在事实上互相抵消；或者全部排斥最后集中在物质一部分而吸引集中到物质的另一部分。恩格斯指出，这两种观点都是由于不懂辩证法而臆造出来的。黑格尔说过："自相矛盾的东西，不是化为零，不是化为抽象的无，而是化为对自己的特定内容的否定。"③ 矛盾着的双方，因一定的条件，一面互相对立、互相排斥，一面又互相联结、互相贯通、互相渗透、互相依赖，具有同一性。因此，吸引和排斥互相抵消或者互相割裂都是不可能的。恩格斯强调指出："辩证法根据我们过去的自然科学实验的结果，证明了：所有的两极对立，总是决定于相互对立的两极的相互作用；

① 《马克思恩格斯全集》第 20 卷，人民出版社 1971 年版，第 590 页。
② 《马克思恩格斯全集》第 20 卷，人民出版社 1971 年版，第 587 页。
③ 《马克思恩格斯全集》第 20 卷，人民出版社 1971 年版，第 564 页。

这两极的分离和对立，只存在于它们的相互依存和相互联系之中，反过来说，它们的相互联系，只存在于它们的相互分离之中，它们的相互依存，只存在于它们的相互对立之中。"（第56页）

其次，恩格斯批判了重力论观点。重力论者片面强调吸引的作用，在他们看来，引力是物质的本质，重量是物质性的最一般的规定，这就是说，吸引是物质的必然的性质，而排斥却不是物质的必然的性质。恩格斯指出，这种观点无论从理论上还是从实际上都是错误的。从理论上看，矛盾是事物运动变化的根源和动力，事物的矛盾决定事物的本质，非生物界运动变化的源泉是吸引和排斥的统一和斗争。矛盾双方是不可分离的，不可能只有矛盾的一方而没有另一方，"因此，根据辩证法本身就可以预言：真正的物质理论必须给予排斥以和吸引同样重要的地位；只以吸引为基础的物质理论是错误的，不充分的，片面的。"[1] 另外，重力论也与自然科学的事实不符，科学证明，光是没有重量的，但它是物质的一种形态。

## 四、吸引和排斥在非生物界各种运动形式中的表现

在不同的运动中吸引和排斥有其特殊的表现形式。恩格斯探讨了吸引和排斥在机械运动（包括天体运动和地球上物体的机械运动）、物理运动和化学运动中的具体表现。

### （一）吸引和排斥在天体运动中的具体表现

恩格斯分析了行星环绕其中心天体（太阳）所做的运动，说明运动是在吸引和排斥的相互作用中实现的，也就是说，太阳系的生

---

[1] 《马克思恩格斯全集》第20卷，人民出版社1971年版，第586-587页。

存过程是吸引和排斥的相互作用的过程。

关于行星为什么会围绕着中心天体运动这个问题，牛顿曾作过这样的解释：这是"中心天体的吸引和使行星沿着垂直于这种吸引的方向运动的切线力"（第56页）共同作用的结果。但是，这样的解释产生两个问题：第一，它和当时力学的基本观点相矛盾。依据当时的观点，两物体在不受第三个物体的影响下的相互作用，只能沿着联结它们中心的直线发生，否则就会导致运动可以创造也可以消灭的结论。然而根据牛顿的解释，行星与中心天体的作用并不完全沿着两物体的中心直线发生，有一个垂直于这一直线的所谓切线力，这就直接违反了经典力学的中心作用原理。第二，关于这一"切线力"的来源，牛顿无法用科学来加以说明，因而他只能求助于上帝，说这是由于上帝给予行星以"第一推动力"。显然，这是极端唯心主义的观点。

恩格斯1875年为《自然辩证法》写的一篇导言中，给予康德—拉普拉斯的天体演化说极高的评价。说它"包含着一切继续前进的起点。"因为既然地球是随着太阳系的形成而逐渐形成和发展起来的，那么，地球上的万物山川、动物和植物，自然也有它逐渐形成和发展的历史。"如果立即沿着这个方向坚决地继续研究下去，那么，自然科学现在就会进步得多。"康德—拉普拉斯的天体演化说有力冲击了形而上学的机械自然观，是继哥白尼天文学革命后的又一次科学革命。

恩格斯根据康德—拉普拉斯的天体演化说解释了行星围绕中心天体运动的问题。按照康德—拉普拉斯的天体演化理论，整个太阳系是由自己旋转着的极稀薄的气体逐渐收缩产生的。转动显然是在气团的赤道线上最强烈，由于这种强烈的旋转，从气团中分离出各个气环，气环再不断收缩，就产生了行星、小行星等等，它们以原来的方向围绕着中心天体旋转。这种转动并不是从气团以外加进来的，而是构成气团的各个质点所固有的运动，这些质点运动的合成就引起了转动。因此，行星转动的起源是原始星云中分散的质点的固有运动，并不是什么外加的，更不是上帝的第一推动力。恩格斯指出，如果我们把行星和中心天体之间的引力（万有引力）看作吸引，那么，另一个切线方向上的作用就是气团各个单独质点原有排斥的残余，只不过表现的形态有所改变罢了。所以，正是由于吸引和排斥的相互作用才构成了太阳系的运动。

康德—拉普拉斯的天体演化说在僵化的自然观上打开了缺口。就其基本点而言，它是科学的、革命的、唯物主义的，而且包含有辩证法因素。

首先，康德坚持了世界的物质性。恩格斯指出："世界的统一性并不在于它的存在。世界的真正的统一性是在于它的物质性，而这种是由哲学和自然科学的长期的和持续的发展来证明的。"

其次，康德坚持了以物质的运动来说明客观宇宙的变化和发展。运动是物质不可分离的根本属性，运动是物质存在的最根本的形式，恩格斯指出："运动是物质的存在方式。无论何时何地，都没有也不可能有没有运动的物质"。不管是否承认物质世界处在永不停息的运动变化中，宇宙间都只有相对静止的东西，没有绝对静止的东西，这是辩证法和形而上学的根本区别。

最后，康德认为，运动着的物质构成了的宇宙，"生生不息，永无止境"。宇宙的这一部分正在生成，另一部分却在毁灭，因此，他描绘了一幅永恒发展变化的宇宙图景。康德是从原始星云开始描绘太阳系生成的历史的。虽然他没有探讨原始星云的起源，但是他承认，原始星云也是由别的物质形态演化过来的。康德的阶梯式结构的思想是当时自然科学水平所达到的对于宇宙无限性的最好论述，其也是历史上第一个试图用科学方法论证宇宙无限性的哲学家。

因此，康德—拉普拉斯的天体演化说不失为一个唯物主义的科学假说，同时，又包含了丰富的辩证法思想。康德—拉普拉斯的天体演化说理论，在当时与其说是科学研究，还不如说是哲学思辨。随着宇宙学的科学研究，特别是现代宇宙学自爱因斯坦发现广义相对论之后飞速发展，许多科学家把天体物理与天文学结合起来，使人们对宇宙更多的奥秘有了越来越深刻、越来越正确的认识，但不能否认，康德—拉普拉斯的天体演化说在 18 世纪探索性的提出，无论是在科学方面还是在哲学方面，在历史上都具有积极意义。

### （二）吸引和排斥在机械运动中的具体表现

恩格斯谈到了地球上宏观物体的机械运动。在地球上，物体是靠重力与地球联系着的。由于重力的作用，物体被束缚在地面上，它只有依靠外来的推动才能运动，推动力一旦消失，运动很快就会停止。由于在地球上宏观物体的机械运动中，重力即吸引占有绝对的优势，要使物体运动必须克服重力，"因而在这里运动的产生有两个阶段：首先是抵抗重量，然后是让重量起作用，一句话，是先使物体上升，然后再使之下降。"（第58页）正是因为在地球上的物体的力学（即质点和刚体力学）中，在不考虑物理和化学作用的条件下，排斥的或上升的运动总是人为造成的，所以一些力学家就认为重力（引力、吸引）是自然界中最重要最基本的运动形式。这就是产生重力论的认识根源。

例如，亥姆霍茨认为，在一座由重锤带动链条引起机械运动的挂钟里，重锤的重力是运动的原动力，重锤的下降带动了挂钟的机械才使指针走动。因此，吸引是运动的原动力，是运动的主动方面。恩格斯指出，从形式上看，确实由于重锤的下降，从而带动了挂钟的运动。但是，重锤在下落以后，其重力不但没有消失，反而增加了。也就是说挂钟的原动力仍然保持不变或者说加大了，可是挂钟的运动此时却停止了，这显然是一个矛盾。另外，在原动力不变的情况下，挂钟却产生了运动，这种运动通过各种形式转化为热消失在空气中。这部分运动是从哪里来的呢？亥姆霍茨仍然无法回答。其实，使挂钟运动的并不是重锤的下落，而是重锤的举起。只有用外力先使重锤上升，然后重锤才有可能下落。因此，排斥（上升）运动才是挂钟运动的原动力，是运动的主动方面；同样，转化为热即排斥的那一部分运动，并不是通常所说的下降的运动，不是吸引，而是举起重锤的排斥运动。恩格斯说："这种转化是原来的上升的机械运动转变为热，而不是下降的运动转变为热，后者只是外表而已。"[①] 机械运动之转化为热，并不是重力（吸引）转化为排斥，而是物体的排斥变成了分子的排斥。用今天的力学语言来说，这个过程是外力克服重力做功，使重锤上升获得势能；然后重锤下落，势能转化为动能，带动了挂钟的走动；在齿轮转动的过程中，动能又通过摩擦的方式转化为热能。因此，挂钟真正的原动力是克服重力的外力。亥姆霍茨当时由于没有严格区分力和能这两个不同的概念，所以造成了混乱。总之，地球上物体的运动仍然是吸引和排斥的相互作用。

---

① 《马克思恩格斯全集》第20卷，人民出版社1971年版，第590页。

### （三）吸引和排斥在物理运动中的具体表现

恩格斯研究了物理运动，他分析了在分子运动、静电和磁的现象中吸引和排斥的具体表现。

在分子运动中，不同的中性分子之间存在着分子的"引力"和"斥力"，这种"分子力"与电磁作用有关。根据经验公式，分子间的"引力"与距离的 4 到 7 次方成反比，"斥力"与距离的 9 到 15 次方成反比。分子间的"引力"和"斥力"相互作用的结果使两个分子只能相距一定的距离，此时"斥力"和"引力"相等，分子处于"静平衡"状态。当两个分子的距离在平衡位置之内时，由于"斥力"比"引力"增加得快，排斥将占优势；当两个分子的距离在平衡位置之外时，由于"斥力"比"液态引力"减少得快，吸引将占优势。当物体处于凝聚状态（液态或固态）时，分子在平衡位置附近振动，分子之间保持一定的联系。分子不仅有分子力的相互作用，同时还具有热运动。热运动有打破分子间的"静平衡"，使分子互相远离的倾向。因此恩格斯说："热是排斥的一种形式。"[①] 分子间的"静平衡"使物体保持原来的凝聚状态，分子的热运动不断地打破分子的"静平衡"，使物体改变其原来的状态，随着热运动的变化，发生物质三态的转化。总之，在分子运动中，吸引和排斥的矛盾就表现为分子力和热运动之间的矛盾。

在静电和磁的现象中，正电和负电、南极和北极之间，同性相斥、异性相吸，根据库仑定律，它们之间的引力或斥力与距离的平方成反比。一切电磁现象，不管它多么复杂奇妙，都离不开带正电

---

① 《马克思恩格斯全集》第 20 卷，人民出版社 1971 年版，第 541 页。

或负电的粒子的运动，离不开正负电荷之间的相互作用。恩格斯说："吸引和排斥。在磁那里开始了两极性，它在那里是在同一物体中显现出来的；在电那里，它就把自己分配到两个或两个以上带有相反的电荷的物体上。"（第189页）

### （四）吸引和排斥在化学运动中的具体表现

化学运动的基本矛盾是化合和分解。化合和分解是吸引和排斥在化学运动中的具体表现。恩格斯说："一切化学过程都归结为化学的吸引和排斥的过程。"（第189页）这里所说的化学的吸引就是原子的化合，化学的排斥就是分子的分解。一切化学反应过程都是化合和分解的矛盾运动。例如，水分解为氢气和氧气的反应过程就是化合和分解的矛盾运动过程。一般说来，分子的分解要求供给能量，原子的化合则释放出能量。供给或释放能量的多少取决于不同分子结合能的大小。至于整个的化学反应过程是要求供给能量还是放出能量，则由分解和化合过程中吸收和释放的能量之差值来决定。在多数情况下，分解反应（即复杂分子分解为简单分子的反应）总是要求外界供给能量，化合反应（即简单分子化合为复杂分子的反应）总是放出能量。因此，恩格斯说："在大多数场合下，化合时产生运动，分解时必须供给运动。"（第60页）分子的分解得到了能量，原子的化合失去了能量，这就是说化学的排斥过程是元素增加能量的过程，化学的吸引过程是元素减少能量的过程。排斥作用加强，分子的运动也就增加；排斥作用减弱，吸引作用加强，分子的运动也就减少。由此可见，排斥是运动的主动方面。所以恩格斯说："在这里，排斥通常是过程的主动一面，是较多地被供给运动或要求供给运动的一面，吸引是过程的被动一面，是形成剩余的运动并产生运动的一面。"①

总之，非生物界的各种物体，从宇宙天体到"基本"粒子，各种运动形式，从机械运动到化学运动，都存在吸引和排斥的相互作用。

## 第四节　以物质运动形式的本质关系指导科学分类

恩格斯把科学分类同运动形式的发展顺序联系起来，并且揭示运动形式之间的及与其相对应的科学部门之间的辩证关系。

### 一、物质的运动形式是科学分类的基础

科学是人们对客观世界的规律性的认识。自然科学的"对象是运动着的实物"②，"对这些不同的运动形式的探讨就是自然科学的主要对象"③。所以，物质的运动形式是科学分类的基础。恩格斯根据自然界的各种运动形式对自然科学作了初步的分类，他把自然界的基本运动形式分为：最简单的运动形式即机械运动形式、物理运动形式、化学运动形式、有机界的运动形式。相应地研究这 4 种运动形式的科学分别是力学、物理学、化学和生物学。

关于机械的运动形式，恩格斯指出：单个物体的运动是不存在的，运动只是相对于某一物体而言才有意义。机械运动是物体的空间位置的变化，它总是相对于某一物体的位置即一定的参考系而言的。例如，物体的下落运动这种位置变化就是相对于地面而言的。

---

① 《马克思恩格斯全集》第 20 卷，人民出版社 1971 年版，第 416 页。
② 《马克思恩格斯全集》第 20 卷，人民出版社 1971 年版，第 591 页。
③ 《马克思恩格斯选集》第 4 卷，人民出版社 1972 年版，第 407 页。

恩格斯还指出运动的最后结果是物体的相互接触。天体运动中，行星围绕着中心天体按一定轨道运动，运动的最后结果是行星飞向中心天体，与中心天体互相接触，落到中心天体上面去。（这是当时的推测，现在看来，天体运动的结果不一定会是这样。）"任何一个天体上的不大的物体的机械运动，都终止于两个物体的接触，这种接触有两种仅仅在程度上不同的形式，即摩擦和碰撞"①。如，子弹从枪膛中飞出，沿着一定轨道运动，其最后结果必然落在地面上或射击目标上，即子弹最后必与地球或射击目标相接触。恩格斯指出机械运动的结果是两物体的摩擦和碰撞，而摩擦和碰撞在一定情况下产生声、热、光、电、磁等等，这样就由机械运动形式过渡到物理运动形式。

关于物理运动形式，恩格斯认为它是由热、光、电、磁等运动形式构成的，这些运动形式之间可以互相转变和互相代替。例如，燃烧会发光，这是热运动到光运动的转变；电流通过导线时，形成磁场，这是电转变为磁。

恩格斯还指出，当各种物理运动形式在量上增加到一定程度时，可能会引起化学变化，物理运动形式就向化学运动形式过渡。但是，化学不仅研究无机物，而且还研究有机物。而对有机物的研究是过渡到研究生命世界的桥梁。因此，"化学过程的研究面对着有机世界这样一个研究领域"②。

"对有机世界的一切化学研究，归根结底都回到一个物体上来，这个物体是普通化学过程的结果，它和其他一切物体的区别在于，

---

① 《马克思恩格斯全集》第 20 卷，人民出版社 1971 年版，第 599 页。
② 《马克思恩格斯全集》第 20 卷，人民出版社 1971 年版，第 599 页。

它是自我完成的、永久性的化学过程，它就是蛋白质。"① 当从化学运动形式进入到有机生命的领域时，物质的运动形式发生了根本的变化，这就是无机界到有机界的巨大飞跃。

## 二、科学分类的原则

在马克思主义产生以前，由于资本主义的生产水平和自然科学水平的限制，由于人们受唯心主义和形而上学观点的影响，因而在科学分类问题上常常具有唯心主义和形而上学的性质。到了 19 世纪中叶，在自然科学的三大发现之后，新的自然观——辩证唯物主义自然观建立起来了，新的自然观的特征在于把自然界看作物质运动形态的发展过程，把物质的多样性看作运动形态的多样性的表现。新的科学分类的方法就是在这样的基础上提出来的。

恩格斯提出了辩证唯物主义关于科学分类的原则，他认为，一门科学到另一门科学的发展，是一种运动形式过渡到另一种运动形式的反映。科学的研究对象是物质的各种运动形式，对自然界各种运动形式的研究，构成了各门自然科学。各门科学的排列顺序不是随意的，而是反映它们所研究的各种运动形式的顺序的。总之，物质运动形式之间的客观的相互联系乃是科学分类的基础。所以恩格斯说："每一门科学都是分析某一个别的运动形式或一系列互相关联和互相转化的运动形式的，因此，科学分类就是这些运动形式本身依据其内部所固有的次序的分类和排列"②。这就是辩证唯物主义关于科学分类的客观性原则和发展性原则。

① 《马克思恩格斯全集》第 20 卷，人民出版社 1971 年版，第 599~600 页。
② 《马克思恩格斯全集》第 20 卷，人民出版社 1971 年版，第 593 页。

### 三、对 18－19 世纪一些科学分类方法的评价

有了科学，就有了科学分类的要求。在古代，古希腊百科全书式的学者亚里士多德把当时的科学知识分为 3 类：理论科学，包括哲学、数学、物理学；实践科学，包括伦理学、经济学、修辞学；创造科学，包括文学、艺术、美学等。

15 世纪以后，各门自然科学主要是力学、数学、生物学逐步发展起来，到了 18 世纪形成了机械的、形而上学的自然观，"出现了要把旧的牛顿—林耐学派的整个自然科学作百科全书式的概括的要求"①。恩格斯对 18 世纪科学的状况曾作过这样的分析："18 世纪综合了过去历史上一直是零散地、偶然地出现的成果，并且揭示了它们的必然性和它们的内部联系。无数杂乱的认识资料得到清理，它们有了头绪，有了分类，彼此间有了因果联系；知识变成了科学……百科全书思想是 18 世纪的特征；这种思想的根据是认为以上这些科学部门都是互相联系着的，可是它还不能够使各门科学彼此沟通，而只能够把它们简单地并列起来。"②

18 世纪末、19 世纪初，圣西门和黑格尔投身于科学分类的工作，恩格斯对他们的观点进行了分析。

首先是法国空想社会主义者圣西门，恩格斯称他是 19 世纪初知识最渊博的人物之一。圣西门认为，科学的排列顺序应同自然现象本身的复杂的顺序相符合。因此，科学的排列顺序应为天文学、物理学、化学和生理学。但是他的科学分类工作没有完成。做过圣西门 5 年秘书的实证主义者孔德，抄袭了圣西门关于自然科学的整理

---

① 《马克思恩格斯全集》第 20 卷，人民出版社 1971 年版，第 593 页。
② 《马克思恩格斯全集》第 1 卷，人民出版社 1956 年版，第 656～657 页。

方法，把各门科学排列成这样一个次序：数学、力学、天文学、物理学、化学、生物学、社会学。为了教学和安排教材的方便，他认为要学排在后面的一门科学必须先学排在前面的科学，而学习前一门科学则不必学习后面的科学。这就是他的所谓全科教育观点。这种观点把各门科学机械地排列起来，而没有揭示出科学部门之间的内在联系，所以恩格斯批评他把"一个基本上正确的思想被数学地夸大成胡说八道"①。

其次，恩格斯谈到了黑格尔的科学分类方法。黑格尔把自然科学划分为机械论、化学论和有机论，认为机械论是研究质量即物体的运动，化学论研究分子运动和原子运动，而有机论则研究生命有机体的运动。恩格斯指出黑格尔的这种科学分类方法在当时是很完备的。黑格尔的科学分类在一定程度上反映了自然界的内在联系。然而黑格尔是个唯心主义者，他认为自然界是绝对观念的异化，他所说的一门科学到另一门科学的转化带有人为的唯心主义的性质。恩格斯评述说："转化必须自我完成，必须是自然而然的。正如一个运动形式是从另一个运动形式中发展出来一样，这些形式的反映，即各种不同的科学，也必然是一个从另一个中产生出来。"②

总之，恩格斯论述了物质运动形式和科学分类的关系，批判地继承了马克思主义产生以前关于科学分类的合理思想，制定了以物质运动形式为基础的科学分类的客观性原则和发展性原则。100多年来，各门科学都有了突飞猛进的发展，产生了许多新的学科。在基础科学和应用科学，自然科学和社会科学之间不断产生新的分化和综合，各门学科之间相互联系相互渗透，出现了许多综合科学和

---

① 《马克思恩格斯全集》第 20 卷，人民出版社 1971 年版，第 593 页。
② 《马克思恩格斯全集》第 20 卷，人民出版社 1971 年版，第 593 页。

边缘科学，迫切需要建立一种新的多层次的具有复杂结构的科学分类体系。在对现代科学进行分类的过程中，恩格斯所指出的科学分类的基本原则仍然具有重大的指导意义。

# 第二章　辩证法的实质及其基本规律

恩格斯在《反杜林论》中曾经系统地论述过辩证法的 3 条基本规律，把《自然辩证法》一书中论述辩证法的材料与《反杜林论》中有关章节对照起来学习，可以对唯物辩证法有一个完整的了解。

## 第一节　辩证法的一般性质

首先，恩格斯指出：辩证法是"和形而上学相对立的、关于联系的科学"。形而上学是一种反辩证法的世界观和方法论，它从孤立的、片面的、静止的观点来观察世界、分析问题。这种错误的世界观和方法论常常使人们在实践活动中犯错误。辩证法与形而上学相反，要求人们从事物的普遍联系，从事物内部各种矛盾的相互关系及一事物与其他诸事物的相互联系来看问题。在世界上，完全孤立的事物是没有的。只有把握了事物各方面的联系，事物的历史发展，才能理解该事物，揭露它的本质。在 19 世纪的自然科学中，一方面，由于形而上学世界观占着统治地位，人们把有机界与无机界，动物与植物，热、光、电、磁等等自然现象，看作彼此完全孤立的事物，把世界看作没有内在联系的各种现象的机械结合。另一方面，自然科学各部门的新成就，又以愈来愈丰富的事实揭露了各种自然现象之间的内在联系，揭示了一种自然现象之转化为另一种自然现象的条件。自然科学的新发现证明：自然界是一个普遍联系和相互作用的整体。正因为这样，恩格斯指出："辩证法是关于普通联系的科学。"（第 3 页）

其次，恩格斯指出了辩证法的主要规律及其客观性。对立统一规律、质量互变规律、否定之否定规律，是辩证法的 3 个主要规律。这些规律，在黑格尔哲学中就已阐明过，但是，在黑格尔哲学中，"这些规律是作为思维规律强加于自然界和历史的，而不是从它们当中抽引出来的"（第 46 页）。这些规律被黑格尔用唯心主义方式加以歪曲和神秘化了。恩格斯强调说："辩证法的规律是从自然界和人类社会的历史中抽象出来的。辩证法的规律不是别的，正是历史发展的这两个方面和思维本身的最一般的规律。"（第 46 页）恩格斯的这些分析，指明了唯物辩证法是关于整个世界运动和发展的最一般规律的科学，说明了辩证法规律的客观性，严格划清了马克思主义辩证法与黑格尔唯心辩证法的界限。在恩格斯写作《自然辩证法》的时候，许多自然科学家都"把辩证法和黑格尔派一起抛到大海里去了"（第 29 页），他们不懂得什么是辩证法，更识别不了什么是马克思主义辩证法，什么是黑格尔辩证法。再加上江湖骗子杜林之流故意混淆马克思主义唯物辩证法同黑格尔唯心辩证法的本质区别，借口反对黑格尔来攻击马克思主义，歪曲地利用自然科学材料贩卖折衷主义和庸俗进化论等货色，在思想上造成了严重的混乱。恩格斯批判地吸取了黑格尔哲学的"合理内核"，所以，马克思主义辩证法同黑格尔辩证法有历史的联系，但两者之间存在根本区别，黑格尔的辩证法是唯心的、不彻底的，只有马克思主义辩证法才是唯物主义的、科学的、彻底的辩证法。

最后，恩格斯指明，正因为"辩证法的规律是自然界的实在的发展规律，因而对于理论自然科学也是有效的"（第47页）。各门自然科学所研究的是不同的物质运动形式的特殊规律，它们都是受物质运动的一般规律支配的。所以，我们用唯物辩证法的一般规律作指导，就可以使各门自然科学的具体研究有一个正确的方向。

## 第二节　辩证法的基本规律

辩证法的3个主要规律是：对立统一规律、质量互变规律、否定之否定规律，而对立统一规律是辩证法的主要内容。

### 一、对立统一规律是辩证法的实质和核心

首先，恩格斯指出客观世界到处都是"对立中的运动"，对立统一规律是自然界、人类社会和思维的普遍规律。"所谓客观辩证法是支配着整个自然界的，而所谓主观辩证法，即辩证的思维，不过是自然界中到处盛行的对立中的运动的反映而已，这些对立，以其不断的斗争和最后的互相转变成向更高形式的转变，来决定自然界的生活。"（第189页）恩格斯这一论述希望告诉人们的是如下观点：第一，对立统一规律是最普遍的客观规律，是唯物辩证法的主要内容。正如列宁所说："可以把辩证法简要地确定为关于对立面的统一的学说。这样就会抓住辩证法的核心。"① 第二，客观辩证法和主观辩证法是统一的。所谓客观辩证法就是支配整个客观世界的矛盾运

---

① 《列宁全集》第38卷，人民出版社1955－1959年版，第240页。

动。客观世界的这种矛盾运动，反映到人们头脑里，产生了各种对立统一的概念和范畴，形成了思维的矛盾运动，这就是主观辩证法，即辩证的思维。客观辩证法是第一性的，主观辩证法是第二性的，主观辩证法是客观辩证法的反映，这是马克思主义的一个基本原理。第三，精辟地阐明了自然辩证法就是自然界的矛盾运动在人们头脑中的反映。这是我们认识自然和改造自然的唯一正确的世界观和方法论。

恩格斯在《自然辩证法》一书中运用大量材料说明了矛盾的普遍性，恩格斯指出，两极性、两极化，即一分为二，是普遍存在的。在无机界，对立统一主要表现为吸引和排斥的矛盾运动。例如磁的两极性，分为南极和北极；电的两极性，分为阴电和阳电；一切化学反应过程，也是原子之间的排斥和吸引运动。在有机界对立统一表现为同化和异化、遗传和适应的矛盾运动。生命有机体通过同化作用和异化作用的斗争，进行着新陈代谢和自我更新；生物物种通过遗传和适应的不断斗争而一步一步地进化，"一方面进化到最复杂的植物，另一方面进化到人"[1]。在社会历史领域，同样到处都是对立统一的矛盾运动，在有阶级存在的社会里，其主要的表现就是阶级斗争。"在历史上，对立中的运动，在先进民族的一切存亡危机的时代中表现得特别显著。"（第189页）恩格斯还指出："正如电、磁等等自身两极化，在对立中运动一样，思想也是如此。"[2] 所以，"对立统一规律是宇宙的根本规律。这个规律，不论在自然界、人类社会和人们的思想中，都是普遍存在的。"[3]

---

① 《马克思恩格斯全集》第20卷，人民出版社1971年版，第553页。
② 《马克思恩格斯全集》第20卷，人民出版社1971年版，第555页。
③ 《毛泽东选集》第5卷，人民出版社1977年版，第372页。

恩格斯论述了同一性和差异性的关系，指出矛盾着的对立面都是通过斗争而互相转化的，批判了形而上学的错误观点。唯物辩证法认为，"矛盾着的对立面又统一，又斗争，由此推动事物的运动和变化。"① "差异就是矛盾"②，同一性和差异性的关系，就是对立统一的关系。而形而上学则把同一性和差异性割裂开来，并加以绝对化，把同一性看成无差异的抽象的绝对的同一，把差异看成毫不联系的固定不变的界限。恩格斯对这两种形而上学观点进行了批判。

形而上学把事物的同一性看成是"抽象的同一性"，它的基本原则是："a = a。每一个事物和它自身同一。"因此，形而上学者认为，"是就是，不是就不是；除此以外，都是鬼话"，因而"一切都是永久不变的，太阳系、星体、有机体都是如此"。恩格斯指出，"这个命题在每个场合下都被自然科学一点一点地驳倒了"。自然科学所提供的事实证明，任何同一性都是具体的同一性，"真实的具体的同一性包含着差异和变化"（第193页）。例如，就有机界来说，植物、动物，以至每一个细胞，其生存的每一瞬间，都是既和自己同一又和自己区别的。动物和植物，由于自身的矛盾运动，而呈现出互不相同的各个生命阶段，如动物的胚胎、少年、性成热、繁殖过程、老年、死亡等阶段。至于物种的进化，更是如此。不仅在有机界中，"就是在无机界中，抽象的同一性实际上也是不存在的"（第192页）。拿地球表层来说，由于地面上机械的、化学的变化和地球内部的机械运动、热运动以及大规模的造山运动和地震等的相互作用，不仅每块岩石和每种土壤不能永远保持和它自身的同一而不起变化，就连我们今天看到的山川湖泊、陆地海洋，也不是亘古如此的，而

---

① 《毛泽东选集》第 5 卷，人民出版社 1977 年版，第 372 页。
② 《毛泽东选集》第 5 卷，人民出版社 1977 年版，第 282 页。

是经历了沧海桑田的变化的结果。现代物理学所发现的许多所谓"基本"粒子，变化更为明显，好多"基本"粒子只能存在百万分之几秒，甚至更短。所以，在唯物辩证法看来，同一性不是抽象的绝对的同一，而是现实的具体的包含者差异的同一性，同一性和差异性不是彼此孤立的，而是同一个东西的两极，是同中有异。形而上学的同一，却把形式逻辑的同一律扩大化、绝对化了。a = a，本是形式逻辑中同一律的公式，它要求人们在同一个议论过程中，每一个概念和判断都必须是确定的，保持其前后含义的一致，而不至于发生混淆概念、偷换概念、偷换命题的错误。形式逻辑的规律，只是初级的思维规律，它虽然是人们在一定范围内必须遵守的，但在许多场合是不够的。要正确认识事物的本质和规律，必须运用辩证逻辑即辩证法的规律，必须运用对立统一规律。所以，恩格斯指出，形而上学的范畴，作为初级的思维方式，对于日常应用所涉及的很小的范围或很短的时间来说，虽然在一定程度上是有效的，"但是，对综合的自然科学来说，即使在任何一个部门中，抽象的同一性是根本不够的，而且，虽然总的说来已经在实践中被排除，但是在理论中，它仍然统治着人们的头脑，大多数自然科学家还以为同一和差异是不可调和的对立，而不是同一个东西的两极"（第 193 ~ 194 页）。

形而上学的另一种错误观点是所谓"绝对分明的和固定不变的界限"。这种观点把事物的差异性加以绝对化，只见差异，不见联系；只承"非此即彼"，而不承认"亦此亦被"，把"非此即彼"当成了无条件的普遍有效的东西，这种观点，把事物之间的界限固定化、绝对化，实质上否认了事物的发展和转化。恩格斯引用生物学进化论所提供的丰富材料，批判了这种错误观点。物种进化的科学材料表明，千差万别的物种不仅是"由此及彼"发展进化而来的，而且在由此及彼的转化过程中甚至形成了明显的中间过渡状态。例如文昌鱼就是无脊椎动物和脊椎动物的过渡形态。无机界也有这种情况。例如，在固态和液态之间，存在着既是固态又是液态的液晶；在电的导体和非导体之间，存在着既是导体又是非导体的半导体。在这些事实中，绝对分明的和固定不变的界限是不存在的。所以，恩格斯指出："辩证法不知道什么绝对分明的和固定不变的界限，不知道什么无条件的普遍有效的'非此即彼！'，它使固定的形而上学的差异互相过渡，除了'亦此亦彼！'，又在适当的地方承认'亦此亦彼'"（第190页）。

## 二、质量互变规律和否定之否定规律是对立统一规律的表现形式

恩格斯在《自然辩证法》一书中运用大量的自然科学材料，主要是物理学和化学的材料，论述了质量互变规律，以及否定之否定规律。

### （一）关于自然界质量互变规律的表述

恩格斯对自然界中的质量互变规律作了如下的表述："在自然界中，质的变化——以对于每一个别场合都是严格地确定的方式进行——只有通过物质或运动（所谓能）的量的增加或减少才能发生。"[①] 恩格斯又进一步说："自然界中一切质的差别，或是基于不同的化学成分，或是基于运动（能）的不同的量或不同的形式，或

---

① 《马克思恩格斯全集》第20卷，人民出版社1971年版，第402页。

是——差不多总是这样同时基于这两者。所以，没有物质或运动的增加或减少，即没有有关的物体的量的变化，是不可能改变这个物体的质的。"[①]

恩格斯关于自然界质量互变规律的表述，阐明了如下几个问题。

第一，正确理解事物质的变化。所谓质的变化是事物性质的变化。任何事物都处于与其他事物的相互关系中，其性质只有从它与其他事物的相互关系加以考察才能确定下来。一事物与他事物的相互关系是极其复杂的、多方面的，因此，事物的质带有多样性。但是，对于每一个场合，事物的性质是完全确定的，事物性质的变化也完全具有确定的内容和形式。例如水的物理状态的变化，就水的化学成分而言，并没有发生性质的改变，但从物理状态方面看来，则是性质的变化。可见，对于质变不能作机械死板的理解。但是对于每一个别场合事物的性质或性质的变化又是完全确定的。这一点也是不容否认的，否则就会犯相对主义的错误。

第二，质变是由量变引起的，量变达到一定阶段，就引起事物性质的变化。在自然界，事物性质的变化是由怎样的量变引起的呢？恩格斯指出："在自然界中，质的变化……只有通过物质或运动（所谓能）的量的增加或减少才能发生。"（第 47 页）所谓物质的量，是指物体的物质组成的成分和数量，在当时主要是指组成物体的化学成分和原子的数量；所谓运动的量，是指物体所具有或所包含的能量。恩格斯认为自然界一切物体的质变，总是或者基于其物质组成的成分或数量的变化，或者基于其运动量（或能量）的变化，或者同时基于这两者。

---

① 《马克思恩格斯全集》第 20 卷，人民出版社 1971 年版，第 402 页。

恩格斯还分析了质量互变规律。

首先，恩格斯分析了运动量（或能量）的变化所引起的质变。物体所具有的能量不同，相应地，物体内的分子或原子具有不同空间排列，这样就形成了不同的同素异性状态或聚集状态。例如，金刚石和石墨是碳的两种同素异性体，它们由于碳原子的空间排列和结合能不同而形成不同的晶体结构，具有迥然不同的性质：金刚石是立方面心晶体，硬度极大，不导电，不传热，透光；石墨是六角形片状晶体，是墨灰色有金属光泽的固体，非常柔软，导电，传热，不透光。又如水，由于分子具有的平均动能大小不同，产生了 3 种不同的聚集状态：固态、液态或气态，分子动能的量变引起聚集状态的质变。所以恩格斯认为"物体的各种不同的同量异性状态和聚集状态，因为最基于分子的各种不同的组合，所以是基于已经传给物体的或多或少的运动的量"（第 47 页）。

其次，恩格斯说明了物质的量的变化所引起的质变。恩格斯根据当时自然科学的成就，将物质按其质量的相对大小区分为以太原子、化学原子、分子、质量（即地球上的物体）、天体等一系列的组。每一组是物质结构复杂化的一定阶段。由原子组成分子，由分子组成地球上的物体，或由地球上的物体分解为分子，分子分解为原子等等，都是物质结构的质变。质量（或地球上的物体），即由分子构成的物体，与构成它的分子在化学成分上固然一样，但在物理性质上却有质的不同。宏观物体服从力学规律，分子则做无规则的热运动，并且其运动服从于统计规律。也就是说，我们无法确定单个分子的运动状态，只能确定一个分子系统的运动状态的平均值。物体有聚集状态的变化，单个分子则无所谓聚集状态的变化。所以恩格斯曾指出分子和它所属的物体，在质上也已经不相同了。（第

48 页）分子和原子也有质的不同。化合物分子与组成化合物的原子不论在物理性质上还是在化学性质上都不相同。水分子与组成水分子的氢、氧原子在物理性质与化学性质上的差别就是例证，单一元素组成的分子与组成分子的原子也不同，如氧分子和氧原子的不同即是一例。这些质的差别都是基于其组成的物质的量的差别。

### （二）自然界中质量互变规律的普遍性

恩格斯指出质量互变规律是存在于自然界一切变化、发展过程中的普遍规律，他从力学、物理学、化学等方面分析了这个问题。

首先，恩格斯分析了质量互变规律在力学中的表现。他说："在力学中并不出现质"（第 48 页）。这里所谓"不出现质"，是说在力学中并不研究运动物体的物理性质或化学性质。一般在力学中，往往把物体当作抽象的质点或当作在运动中不发生形变的刚体来处理。对于任何一个质点或刚体，在考察它们的机械运动状态的变化时，只考虑质点或刚体的惯性质量。至于这一质点或刚体具体的是什么物体，那是无关紧要的。

当然，在机械运动过程中，质量互变规律仍然起作用。机械运动的状态如平衡和运动、匀速运动和加速运动、直线运动和曲线运动之间是有质的区别的，机械能如位能和动能之间也是有质的区别的，它们之间的相互转化，是机械运动内部的质变。如运动之转化为平衡，位能之转化为动能等，都是质的飞跃。而且这些质变的发生，也是有条件的，是有一定的运动量的积累作为准备条件的，如只有当阻力或摩擦力足够大、或达到一定的量时，才能使运动转化为平衡（即静止）。

其次，恩格斯分析了物理现象中量转化为质的问题。物理学研究物体分子的聚集状态的变化和各种物理运动形态之间的转化，研究这些变化或转化的关节点。恩格斯以水的聚集状态的变化，电灯的发光，金属的熔解，液体的凝固与沸腾等大量的物理现象为例，说明物理现象也普遍地遵从质量互变规律。例如，各种金属都有其白热点和熔解点，只有当电流强度达到一定的值时，才能使灯泡中的白金丝发光。各种液体都有其冰点（或凝固点）和沸点（或沸腾点），只有当温度达到冰点或沸点时，液体才会凝固或沸腾。白热点和熔解点，冰点和沸点，都是物体的聚集状态发生质变的关节点。在这些关节点上，量的变化引起质变。

第三，恩格斯指出，在化学领域中，质量互变规律表现得最为明显。恩格斯说："化学可以称为研究物体由于量的构成的变化而发生的质变的科学。"[1] 他从氧和臭氧的区别，氮的 5 种氧化物，同分异构体，元素周期律等几方面分析了质量互变规律在化学领域中的种种表现。

恩格斯以臭氧和氧气为例说明质量互变规律。氧分子由两个氧原子组成，臭氧分子由 3 个氧原子组成。组成分子的原子数目不同，使臭氧成为在气味和化学性质上与普通氧气显然不同的物体。

恩格斯还以 $N_2O_5$ 和 $N_2O$ 为例说明量变如何转化质变。$N_2O_5$ 和 $N_2O$ 相比较，氮原子数同为 2，氧原子数则前者为后者的 5 倍。由于这个量的差异，使这两种氮的氧化物的性质迥然不同。$N_2O$ 是无色气体，不活泼。$N_2O_5$ 却是固体，物理、化学性质与 $N_2O$ 大不相同。

恩格斯还根据门捷列夫（俄国，1834—1907）发现的元素周期律，指出化学元素原子量的不同引起元素化学性质的变化。总起来

---

① 《马克思恩格斯全集》第 20 卷，人民出版社 1971 年版，第 404 页。

说，在化学领域中，质量互变规律表现得非常明显，而且形式多种多样。

### （三）质量互变规律对自然科学研究的方法论意义

19世纪70年代的自然科学家，由于受形而上学和经验主义的思想影响，对辩证法不理解，或者抱着极端轻视的态度，有人甚至诽谤质量互变规律"是神秘主义和不可理解的先验论"。恩格斯以大量的自然科学材料论证了这一规律的客观性和普遍性。

恩格斯说："第一次把自然界、社会和思维发展的一般规律以普遍适用的形式表述出来，这始终是具有世界历史意义的勋业。"① 在发现质量互变规律以前，人们早已不自觉地利用这条规律在进行改造自然的斗争。明确地提出和科学地论证这条规律并将它加以传播，对于人类认识自然规律、改造自然的实践活动，无疑地具有不可估量的深远影响。

第一，任何事物都是质和量的统一体。在任何事物中，质和量都是相互制约的。质变是由量变引起的，是量的积累发展到一定阶段的产物。而量的变化又不是无限制的，它超过一定的限度，就会引起质变。因此，在自然科学研究中，我们必须善于把握质和量的辩证关系。

在科学研究和生产实践中，当需要造成某种质变的时候，例如，需要引起某种物体的聚集状态的变化的时候，我们可以有意识地加强某种量的积累，促进某种量的变化（如升高温度、或加大压力等），以实现某种质变。或者，需要控制或防止某种质变，我们可以

① 《马克思恩格斯全集》第20卷，人民出版社1971年版，第407页。

抑制或阻止相应的量的变化。在生产实践和科学实验中，质量互变规律的运用实际上是十分广泛的。又如，任何科学理论的建立，都以相当大量的经验材料为基础，没有充分详尽而又确实可靠的经验材料的积累，任何科学理论都是建立不起来的。

同时，量的变化达到一定的关节点，就会引起质变，产生新质，而新质又有新的规定性，又有它自身所具有的特殊规律。例如，从一个物质层次向另一个物质层次的过渡，从一个物质领域（微观领域、或宏观领域、或宇观领域）向另一个物质领域的过渡，都是一次质变。每一物质层次或物质领域，都有自身特殊的性质，都受自身的特殊规律的支配。看不到不同物质层次或不同物质领域之间的质的区别，把在某一层次或某一领域中适用的特殊规律，无条件地搬用到其他层次或领域，抽象地外推到其他层次或领域，往往会得出错误的结论。例如热寂论的错误就是如此。19 世纪末的许多物理学家，由于不了解经典物理学规律仅仅适用于宏观领域，而想把它们推广到微观领域，当这种外推不成功时，就陷入了混乱。有的物理学家，由于敢于探索新的规律，提出新的理论，从而把物理学推进到一个新的发展阶段。可见，认识到不同层次或不同领域的特殊的质和特殊的规律性，对于在科学研究中广开思路，是很有益的。

第二，既然任何事物都是质量统一体，事物的量往往制约着、决定着事物的质，那么，对事物的量的规律性的研究，对于我们深刻地认识事物的质，具有十分重要的意义。人对事物的认识，总是首先初步地粗浅地认识事物的质，进而认识事物的量，再进而把质和量统一起来，认识事物的度即为一定量或某一幅度的量所制约的质。度是质量统一的质，是比质更深刻的概念。科学发展史也说明：人对自然的认识是从定性分析走向定量分析的。17 世纪以来，由于伽利略和牛顿把物理实验与数学方法结合起来，使力学和物理学成为精密科学，建立了经典力学理论。这是人类在认识自然的历程中迈出的具有重大意义的一步。19世纪末的物理学的数学化，也是物理学进步的一个标志。20世纪以来，数学得到了更大的发展，数学方法得到了更加广泛的应用，数学方法不断地应用到化学、生物学和社会科学的研究领域。控制论、信息论和系统工程的建立和发展，使数学方法的应用领域更进一步地扩大。

### （四）否定之否定规律也是对立统一规律的一种表现形式

在《自然辩证法》一书中恩格斯摘录了黑格尔《逻辑学》第一卷中的几段活。这些话表述了黑格尔关于否定之否定规律的一些见解。黑格尔所说的"和某物相对立的无，任何某物的无，是某个特定的无"，就是指特定事物的否定。"无"和"有"是对立的统一，"无"是对"有"的否定。这个否定，是对特定事物的否定，而不是毁灭一切达到绝对虚无的境地。例如，一粒小麦，作为种子埋在适宜的土壤里，经过一定的温度和水分等作用而发芽。这时麦粒没有了，代之而起的是麦苗。这里说"无"，就是种子对麦苗来说被否定了，这个"无"，就是"某个特定的无"。

黑格尔又说："自相矛盾的东西，不是化为零，不是化为抽象的无，而是化为对自己的特定内容的否定"。这就是说，否定的根本原因是事物内部的矛盾性，否定是一种事物向另一种事物的转化，而不是化为绝对的无。否定的过程中包含着肯定，在新事物对旧事物"特定内容"即旧事物的质进行否定的时候，并不是把旧事物内部的一切因素全部抛弃，而是保留对新事物有积极意义的东西。例如，当小麦的种子被麦苗否定时，种子中所包含的小麦胚胎却被肯定而发展成麦苗了。

　　恩格斯在《自然辩证法》一书中并没有正面阐述自己关于否定之否定的观点，但在其他著作中有较详尽的论述。在《反杜林论》中，恩格斯根据动物学、植物学、地质学、数学、历史以及哲学史上的大量事实，证明否定之否定规律是"一个极其普遍的，因而极其广泛地起作用的，重要的自然、历史和思维的发展规律"。[①] 这个规律说明事物发展是一个螺旋式上升的过程，它的道路不是笔直的，而是波浪式前进。例如，地质演变的过程就是一个否定之否定的系列，是旧岩层不断毁坏和新岩层不断形成的系列。在漫长的地质年代，新地层不断地形成，而大部分又重新毁坏，又变成构成新地层的材料，地壳就在这否定之否定过程中变化发展。微积分运算也表现为否定之否定过程。在有两个变数 $x$ 和 $y$ 的函数中，对 $x$ 和 $y$ 加以微分，使它们变为无限小，趋于消失，就是否定，获得 $dx$ 和 $dy$，在这一函数的方程或运算中给以否定的否定，将微分式积分，于是又重新得到实数 $x$ 和 $y$，由此解决了初等数学无法解决的问题。

　　事物发展之所以由肯定阶段到否定阶段，又进而到否定之否定，都是事物内部矛盾双方的对立斗争所决定的，所以否定之否定规律，实质上也是对立统一规律的一种表现形式。

## 第三节　必然性和偶然性、原因和结果是辩证法的重要范畴

　　恩格斯说："同一和差异——必然性和偶然性——原因和结果

---

① 《马克思恩格斯选集》第 3 卷，人民出版社 1972 年版，第 181 页。

——这是两个主要的对立，当它们被分开来考察时，都互相转化。"①
为了批判形而上学，进一步研究自然界的矛盾运动，恩格斯在阐明
同一性和差异性之后，又对必然性和偶然性、原因和结果这两对哲
学范畴作了深刻的论述。

"形而上学所陷入的另一种对立，是偶然性和必然性的对立。"②
在形而上学看来，一个事物、一个关系、一个过程不是偶然的，就
是必然的，但不能既是偶然的又是必然的。这种观点"把必然性和
偶然性看作永远互相排斥的两个范畴"③，认为只有必然的东西才是
科学上值得重视的，而偶然的东西则无足轻重。这种观点，实际上
是把我们知道的、可以纳入规律的东西，看作是必然的、值得注意
的，而把我们所不知道的、不能纳入规律的东西，看作是偶然的，
可以不加理睬。这种观点势必导致否认科学而承认神学。唯物辩证
法指出，必然性和偶然性是客观事物发展中两种不同的联系；必然
性是在客观事物发展过程中所存在的必不可免的、本质的规律性的
联系和趋向，偶然性是在客观事物发展的必然过程中表现出来的可
以这样出现、也可以那样出现的不稳定的联系和趋向。必然性和偶
然性是对立统一的，任何必然性都是通过大量的偶然性表现出来的，
任何偶然性的背后都隐藏着一定的必然性。恩格斯说，凡是"在表
面上是偶然性在起作用的地方，这种偶然性始终是受内部的隐蔽着
的规律支配的，而问题只是在于发现这些规律"。④ 科学的任务就是
要通过偶然性的现象发现必然的规律，把尚未纳入规律、我们所不

① 《马克思恩格斯全集》第 20 卷，人民出版社 1971 年版，第 558 页。
② 《马克思恩格斯全集》第 20 卷，人民出版社 1971 年版，第 560 页。
③ 《马克思恩格斯全集》第 20 卷，人民出版社 1971 年版，第 560 页。
④ 《马克思恩格斯选集》第 4 卷，人民出版社 1972 年版，第 243 页。

知道的东西，变为我们所知道的东西，从而进一步掌握客观规律。可见，形而上学割裂必然性和偶然性的辩证关系，把二者绝对对立起来，实质上是阻碍了科学研究的进程。

形而上学还有一种错误观点，就是只承认简单的直接的必然性，而根本否认偶然性。这是由18世纪法国的唯物主义哲学家霍尔巴赫传给自然科学的。霍尔巴赫认为自然界中一切都是必然的，偶然是一个毫无任何意义的字眼。因而，霍尔巴赫断言：承认必然性是唯物主义决定论，而承认偶然性就是唯心主义的非决定论。事实上，霍尔巴赫是把因果性和必然性混为一谈了。唯物辩证法认为，必然性和偶然性同因果性有密切的联系，但又是互相区别的两对范畴。因果联系是客观世界普遍联系和相互制约的一种表现形式。任何现象都有其产生的原因，任何原因都必然引起一定的结果，在客观世界中，无原因的结果和无结果的原因都是不存在的。承认因果联系的客观性，这是唯物主义的决定论。但是，由于原因是多种多样的，它们在一定事物发展过程中的地位和作用各不相同。比如，"种瓜得瓜，种豆得豆"，这些都是由事物内部的根本的矛盾所决定的，是一种必然性的因果联系。而一根藤上结几个多大的瓜，一个豆荚里长几粒豆，则是由事物外部的非根本的矛盾决定的，这是一种偶然性的因果联系。偶然性的东西并不等于没有原因。如果像霍尔巴赫那样，否认偶然性的因果联系，把因果联系看成只是简单的直接的必然性的联系，正是形而上学的机械的决定论。恩格斯批判了这种机械决定论的观点，认为这种形而上学的机械决定论，只能把科学引入死胡同。恩格斯指出：第一，"承认这种必然性，我们也还是没有从神学的自然观中走出来"（第197页）。因为，如果把一个豆荚长几粒豆，一条狗尾巴有几寸长，都说成是不可避免的必然性，那不就是承认"上帝的永恒的意旨"吗?！第二，科学如果老从事物的因果连锁方面探索个别的情况，"那就不再是什么科学，而只是纯粹的游戏而已"（第 197 页）。第三，把一切都说成是必然性，"实际上不是偶然性被提高为必然性，而倒是必然性被降低为偶然性"（第 197 页）。

由此可见，形而上学把必然性和偶然性的对立统一加以歪曲和割裂，在理论上是荒谬的，在实践上是有害的。

## 第四节　批判不可知论和经验论

在《自然辩证法》一书中，恩格斯概括当时自然科学发展的新成就，以辩证唯物主义观点批判地改造和吸收了黑格尔的合理思想，论述了马克思主义关于辩证逻辑和认识论的基本观点，批判了不可知论、经验论。

### 一、批判不可知论

恩格斯曾指出辩证法的规律对自然界和人类历史的运动，或者对思维的运动，不一定都适用的。因此，思维规律和自然规律，只要它们被正确地认识，必然是互相一致的。客观世界的辩证规律，也是思维发展的规律。我们只有以唯物辩证法作为指导思想的理论基础，才能正确认识世界和改造世界，在实践中不断开辟认识真理的道路。不可知论和经验论歪曲认识的规律，封闭了认识真理的道路。因此，恩格斯批判了耐格里、亥姆霍兹以及康德、休谟等人的错误观点，批判了他们的不可知论。

所谓不可知论，就是否认认识世界的可能性，或者至少是否认彻底认识世界的可能性。不可知论者不懂得认识过程的辩证法，特别是不懂得感性经验和理性思维的辩证关系，往往由经验论出发而导致不可知论。经验论片面夸大了感性经验在认识中的作用，认为只有感性经验是可取的，理性认识是靠不住的。唯物主义的经验论，承认客观事物是感性经验的来源，感性经验是人的感官对客观事物的反映，唯心主义经验论则把经验看成是主观的、第一性的东西，否认经验是客观事物的反映。这两种经验论都违背了认识发展的辩证规律，陷入了不可知论的泥坑。

英国唯心主义哲学家休谟就是从唯心主义经验论堕入不可知论的，他认为世界上只存在心理的知觉、感觉，至于是否有真实的事物存在，那是不可能知道的。休谟把因果性看成是人们用来表示前后相继现象的一种心理习惯，人们经常看到某一现象在另一现象之后产生，于是就把前一个现象叫作原因，后一个现象叫作结果。休谟用"在此之后"不等于"由此之故"这个公式，否定了因果关系的可知性。恩格斯指出："单凭观察所得的经验，是决不能充分证明必然性的。"（第 207 页）"在此之后"，虽然不等于"由此之故"，"但是人类的活动对因果性作出验证"（第 208 页）。人们在实践中只要造成某个运动在自然界中发生的条件，就能引起这个运动。例如，我们把子弹放进枪膛，扣动扳机，就必然能把子弹发射到预期的地方。如果子弹失效，扳机失灵，射击没有按预期实现，那正是由于另外的原因起作用的必然结果，因此"在这里可以说是对因果性作了双重的验证"[①]。因果性是客观事物相互联系、相互制约的一种表现，人们通过实践是完全可以认识的。恩格斯同时指出，许多

---

① 《马克思恩格斯全集》第 20 卷，人民出版社 1971 年版，第 573 页。

自然科学家和休谟一样陷入不可知论，就是因为不懂得实践对认识的决定作用。恩格斯强调说："人的思维的最本质和最切近的基础，正是人所引起的自然界的变化，而不单独是自然界本身；人的智力是按照人如何学会改变自然界而发展的。"[①]

## 二、批判经验主义

自然科学研究必须尊重经验事实。然而，19 世纪欧美一些著名科学家，在尊重经验事实的前提下，却陷入神秘主义泥坑而不能自拔。

经验主义者的信条是："事实就是一切"，但他们对事实却不加分析，甚至从未想到，所谓"事实"是非常复杂的。神灵论者为了迷惑轻信的人们，当然要求助于某些事实；宗教徒、江湖术士们也都是如此。如果没有某些"事实"，他们是根本无法骗人的。迷信之所以能在一部分人中流行，魔术之所以能使观众蒙蔽于一时，不仅在于迷信的宣传者有一套骗人的伎俩，魔术师有一套精巧的变戏法的本领，而且也在于相信他们的人们，还不具备识破他们那一套所谓事实的认知能力。当然，对于迷信来说，还有个觉悟水平的问题。在虔诚的宗教徒看来，"上帝"的存在是千真万确的"事实"；对于信神的老太婆来说，"跳大神"的表演恰恰是"神灵显圣"的确凿证明。因此，当华莱士、克鲁克斯等自然科学家陷入迷信之中后，连神灵照相的骗局也深信不疑，就不足为奇的了。因为他们没有一个正确的世界观，没有对迷信加以分析批判的头脑，所以，江湖术士们的骗局对他们来说，正好是证明神灵存在的"事实"。

---

① 《马克思恩格斯全集》第 20 卷，人民出版社 1971 年版，第 573 ~ 574 页。

恩格斯说："单凭经验是对付不了降神术士的"（第44页）。盲目相信"事实"的经验主义者，企图通过个别"事实"的考察来证明神灵存在与否，鉴别唯灵论正确与否，那肯定是徒劳的。因为经验事实永远列举不完。一件事实被揭穿是骗局，但在经验主义者看来，未必能证明另一件同类的事实也是骗局，于是不得不一件一件地去揭穿，而这又是不可能办到的事情。江湖术士们、唯灵论者们，总是有本领在一个骗局被揭穿后，重又设计出一个新骗局。像克鲁克斯那样把证明神灵的存在与否，仅仅寄托在物理仪器、力学仪器等等之上，必然是毫无用处的。经验主义者既不能通过对个别"事实"的考察来驳倒唯灵论，又不能从理论观点上识破唯灵论的谬误与荒唐，反而相信唯灵论者和江湖术士们所设计的"事实"，于是他们十分自然地为后者的欺骗宣传所俘虏，而且在迷信的泥潭中愈陷愈深。

# 第三章　劳动在从猿到人转变过程中的作用

恩格斯运用辩证唯物主义与历史唯物主义观点，对人类起源问题作了全面的科学的考察，阐明了劳动创造人类历史这一重要原理。

## 第一节　劳动创造了人类

### 一、对人类起源的科学探索

在达尔文主义问世以前，人的起源问题，一直都是困惑着人们的问题。由于缺乏科学根据，在漫长的历史年代里，人是神造的说法占据着支配地位。

随着生产的发展和近代科学的兴起，人类起源问题也逐渐成了科学研究的课题。18 世纪的林耐（瑞典博物学家。动植物双名命名法（binomial nomenclature）的创立者。自幼喜爱花卉。曾游历欧洲各国，拜访著名的植物学家，搜集大量植物标本。归国后任乌普萨拉大学教授。1735 年发表了最重要的著作《自然系统》，1737 年出版《植物属志》，1753 年出版《植物种志》，建立了动植物命名的双名法，对动植物分类研究的进展有很大的影响。）尽管顽固地坚持神创论的观点，但是在他的分类系统中，却把半猿类、猿类和人类都列入灵长类。19 世纪初，拉马克在他的《动物学的哲学》中更明确地提出人是由猿变来的主张。后来，达尔文学派的著名人物赫胥黎（英国，1825—1895）于 1863 年在其《人类在自然界的位置》一书中，通过比较解剖学的研究，论证了人与猿的血缘关系。

随后，海克尔（德国，1834—1919）在 1866 年出版的《普通形态学》及 1868 年出版的《自然创造史》中，更加详细地讨论了人类的系统发展史，以及人类起源的时间、地点和人种分布等问题。达尔文在他的《人类原始及类择》导言中，对海克尔的著作评价很高。不过最有影响的还是达尔文本人的著作。

在这里不得不说一说达尔文本人和他的著作《物种起源》。查尔斯·罗伯特·达尔文（C. R. Darwin, 1809. 2. 12—1882. 4. 19），英国生物学家，生物进化论的奠基人。他以博物学家的身份，参加了英国派遣的环球航行，做了 5 年的科学考察。在动植物和地质方面进行了大量的观察和采集，经过综合探讨，形成了生物进化的概念。1859 年出版了震动当时学术界的《物种起源》一书。

《物种起源》是进化论奠基人达尔文的第一部巨著，全书分为 15 编，前有引言和绪论。《物种起源》自 1859 年在英国伦敦出版以来，受到众多市民的热烈欢迎，被争相购买。这本书的第一版 1250 册在出版之日就全部售罄。它以全新的进化思想推翻了神创论和物种不变论，把生物学建立在科学的基础上，提出震惊世界的论断：生命只有一个祖先，生物是从简单到复杂，从低级到高级逐渐发展而来的。它发表传播后，生物普遍进化的思想以及"物竞天择，适者生存"的进化论已为学术界、思想界公认为 19 世纪自然科学的三大发现之一。20 世纪 40 年代初，英国人霍尔丹和美籍苏联生物学家杜布赞斯在达尔文思想的影响下，创立了"现代进化论"。可以说，这本书在人类思想发展史上是最伟大、最辉煌的划时代的里程碑，对人类历史有着极大的影响。

达尔文继《物种起源》之后，1871 年又出版了《人类原始及类择》一书，在这本书里，他把进化论的思想作了进一步的推广。达尔文在书中吸收了当时的科学成果，搜集了大量的事实，从生物学的不同方面论证了"人类乃出自某种组织低下之形式"，[①] "人类实自似人猿类某古代分子所产生"。[②] 自此以后，猿是人类祖先的观点，逐渐被人们所接受，人类起源的问题也就由神学逐渐变为科学。

达尔文揭示了人与猿的亲缘关系，对人类起源的问题只回答了一半，而对另一半的问题，即人类是怎样由猿变来的问题却并未解决。之所以解决不了，除了材料不足外，主要的还在于世界观的局限性。正是这种局限性使其看不到人的本质，混淆了人与一般动物的界限，用纯生物学的观点去说明人类起源问题。在他看来，人也

---

① 达尔文：《人类原始及类择》（第一册）商务印书馆 1957 年版，第 4 页。

② 达尔文：《人类原始及类择》（第一册）商务印书馆 1957 年版，第 51 页。

不过是一个新物种而已，其所以获得一些新的特性，同样是由于自然选择。有些不能用自然选择说明的特性，就归因于性选择。当然，我们并不否认这些生物的发展规律在人的形成中有它的作用，问题是不能单靠它们去解释人类起源问题。尽管达尔文着重强调人与动物的共同性在当时对反对宗教的斗争是有积极意义的，可是把人与动物的联系夸大到不适当的地步，却是错误的，这就掩盖了人的本质，从而也就不可能真正科学地解决人类起源问题。

## 二、劳动创造了人本身

关于人类起源的动力问题，马克思主义给予了科学的解答。马克思主义站在彻底的辩证唯物主义立场上，科学地揭示出人的本质，找到了人类起源的动力，正确地回答了人是怎样来的问题。

关于人的本质，马克思和恩格斯在 1845—1846 年间就指出："可以根据意识、宗教或随便别的什么来区别人和动物。一当人们自己开始生产他们所必需的生活资料的时候（这一步是由他们的肉体组织所决定的），他们就开始把自己和动物区别开来。人们生产他们所必需的生活资料，同时也就间接地生产着他们的物质生活本身。"① 既然人的本质是能够从事生产劳动，那么人类产生与发展的历史，归根到底也就是生产劳动产生与发展的历史。生产劳动对人具有如此重要的意义，所以恩格斯说："它是整个人类生活的第一个基本条件，而且达到这样的程度，以致我们在某种意义上不得不说：劳动创造了人本身。"②

尽管达尔文是人类学的奠基者之一，但真正最终使人类学变为

① 《马克思恩格斯全集》第 3 卷，人民出版社 1960 年版，第 24 页。
② 《马克思恩格斯全集》第 20 卷，人民出版社 1971 年版，第 509 页。

科学的却不是达尔文，而是马克思和恩格斯，尤其是恩格斯的《劳动在从猿到人转变过程中的作用》这篇论文，更有着特殊的贡献。

恩格斯分析了由猿到人的转变过程的主要环节是：直立行走、手的分化以及语言和意识的产生。

## （一）直立行走

古代类人猿原来群居于树上。生活环境造成了它们所特有的行动方式——臂行法，就是由一个树枝摆到另一树枝的行动方式。这种挂树摆进的臂行法，对促进手脚功能的分化，是有重要意义的。森林古猿的一支，由于居住在森林的下层，更增加了与地面接触的机会，同时由于有较长的腿和较短的上肢，就能够半直立地沿树干奔走，这样就使它们有可能"在平地行走时就开始摆脱用手帮助的习惯，渐渐直立行走"[1]。恩格斯强调说："这就完成了从猿转变到人的具有决定意义的一步"[2]。

由于气候等自然条件的改变，古代森林的面积逐渐缩小，古猿不得不改为在地面生活。那些不能适应这种转变的古猿，就被淘汰了。而人类的祖先由于完成了"从猿转变到人的有决定意义的一步"，就逐渐变成完全直立的了。恩格斯指出："如果说我们遍体长毛的祖先的直立行走，一定是首先成为惯例，而后来才渐渐成为必然，那末必须有这样的前提：手在这个时期已经愈来愈多地从事于其他活动了"[3]。这就是说，人类祖先手脚本来就已有某种程度的分工，不过对于森林生活来说，那时的直立只是一种习惯行为，不是

---

[1] 《马克思恩格斯全集》第 20 卷，人民出版社 1971 年版，第 509 页。
[2] 《马克思恩格斯全集》第 20 卷，人民出版社 1971 年版，第 509 页。
[3] 《马克思恩格斯全集》第 20 卷，人民出版社 1971 年版，第 510 页。

非那样不可的事。一旦改为地面生活，手的活动由于需要而大大增加，向着和脚不同的职能方面专门化。一代一代的适应与选择使得一部分古猿双手更适于握执，两腿更粗壮，全身越来越适于直立行走。

### （二）手的分化

由猿的手，即由严格意义上的前肢变为人的手，即变为真正的手，是历时极久的。在这个漫长的转变过程中，类人猿的手通过不断获得新的技巧，以适应日新月异的、愈来愈复杂的动作，并引起肌肉韧带和骨骼的发展，其灵巧性也不断地得到加强，终于在大约二三百万年前从只会利用天然物（如石块、木棒等）逐步发展到能制造最简单的石器工具。只是从这时起，即当第一把石刀或石斧出现之时起，才有了真正的手和真正的劳动，从而也才变成了真正的人。由猿到人的转变至此才完成了一个质的飞跃，于是"人和猿之间的鸿沟从此成为不可逾越的了"（第18页）。因为"手的专门化意味着工具的出现，而工具意味着人所特有的活动，意味着人对自然界进行改造的反作用，意味着生产。"（第18～19页）

没有真正的手，就不能有真正的劳动，反过来，不能实现真正劳动的手，也决不是真正的手。手和劳动的出现，乃是同一个过程的两方面。所以，恩格斯说："手不仅是劳动的器官，它还是劳动的产物。"[①] 这就是说，手和劳动之间的因果关系是相互的、辩证的。劳动与手的关系是这样，劳动与人的关系也是这样。我们说劳动创造了人，并不意味着先有劳动后有人，而是说只有能劳动的动物才

① 《马克思恩格斯全集》第20卷，人民出版社1971年版，第511页。

是人，劳动和人的产生是同一个过程，并没有先后的问题。

### （三）语言和意识的产生

语言的产生同样离不开人的生产劳动。一方面劳动使语言成为可能，即它使身体获得了可以发出清晰音节的器官。另一方面，也正是劳动才使这种可能变为现实，这是由于生产劳动总是由一群人集体进行的，在集体劳动中交换思想的需要产生了语言。恩格斯强调说："语言是从劳动中并和劳动一起产生出来的，这是唯一正确的解释"[1]。集体劳动要求彼此密切协作，要使这种协作能和谐地进行，就要求彼此相互了解，要求有一种可传达各自意志的手段，语言正是作为这种交往手段而产生出来的。

人的另一个特点是具有意识，这是人类区别于动物的特有标志。意识和语言一样，也是劳动创造的。斯大林对此有过很好的说明，他说："如果猿猴总是用四只脚行走，如果它没有直起身子，那末它的后代（即人类）就不能自由地利用自己的肺和声带，因此也就不能说话，而这种情形就会根本阻滞人类意识的发展。还有，如果猿猴没有用后面两只脚站起来，那末它的后代（即人类）也就不能不总是用四只脚行走，总是向下方看并从下方摄取印象，也就没有可能向上方看，向四周看，因而也就没有可能使自己的头脑获得的印象较四脚动物为多。这一切就会根本阻滞人类意识的发展。"[2] 直立行走对意识的产生与发展既有如此重要意义，而人之能直立行走归根到底还是由劳动造成的，所以说，意识也是劳动的产物，是劳动创造的。

---

① 《马克思恩格斯全集》第20卷，人民出版社1971年版，第512页。
② 《斯大林全集》第1卷，人民出版社1953年版，第288页。

手、语言、意识这些人之为人的标志既然都是劳动创造的，所以说劳动创造了人类本身。这是对猿是怎样转变为人的唯一正确的解释。

## 第二节　劳动是人和动物的根本区别

### 一、人和动物的根本区别是劳动

人类通过劳动从动物界分离出来，从而开始了人类社会发展的历史。恩格斯说："人类社会区别于猿群的特征又是什么呢？是劳动。"[①] 这种劳动是真正的是劳动，即从制造工具开始的劳动，是人所特有的活动。不管人类早期的劳动如何原始，甚至仍未完全脱去动物本能的性质，但是正如前述，人猿之间不可逾越的鸿沟却从此造成了。这其间的根本不同就是人的活动已不再是消极地适应自然，而是积极地改造自然。

动物也作用于自然，但只是盲目的。这种盲目作用，恩格斯生动地称之为"滥用资源"。这种"滥用资源"一旦耗尽天然环境所提供的现成生存资料，许多动物往往就会随之灭绝，得以延续下来的则必须改变自己的生活方式或机体结构以适应新的生活条件。而人类发展的标志却是这种"滥用资源"的日益减少，是支配自然的能力的日益加强，也就是说，是对自然作用的盲目性的减少，自觉性的提高。生产工具和技术的改进程度是人类进步的主要标志。只是由于生产的不断发展，才使人在自然面前显得越来越强有力，"使

---

① 《马克思恩格斯全集》第 20 卷，人民出版社 1971 年版，第 514 页。

人离动物愈来愈远了"①。

## 二、批驳在人类起源问题上的唯心主义观点

人类活动是手脑并用的，是有计划、有目的的。可是，随着劳动的不断完善化，随着生产技能的不断提高，脑力劳动的作用变得日益重要。在生产发展的基础上，艺术、科学、以至宗教都发展起来了。人们把迅速繁荣起来的精神文明完全归功于头脑，归功于脑髓的发展和活动。于是，人们往往夸大了头脑的作用，忘记了这些精神活动赖以存在和发展的物质基础，以至于颠倒了事物的真实关系，形成一种错误的世界观，即唯心主义。唯心主义不是用存在去说明意识，相反地倒用意识说明存在。恩格斯指出："人们已经习惯于以他们的思维而不是以他们的需要来解释他们的行为"。② 这是唯心主义产生的认识论根源。唯心主义的世界观，统治了人们几千年。恩格斯说："甚至达尔文学派的最富有唯物精神的自然科学家们还弄不清人类是怎样产生的，因为他们在唯心主义的影响下，没有认识到劳动在这中间所起的作用。"③

达尔文学派在自然科学上富有唯物精神，而一旦接触到社会历史问题，他们就是唯心主义了。达尔文本人总是用人的"智慧能力""精神能力"即思想，而不是用物质需要去解释人的行为，这当然是唯心主义的。正由于这种唯心主义的影响，使他看不清人与动物的区别所在，这表明自然科学的唯物主义有很大的局限性，根据它来解决诸如人类起源这样复杂的问题，是不可能的。

---

① 《马克思恩格斯全集》第 20 卷，人民出版社 1971 年版，第 516 页。
② 《马克思恩格斯全集》第 20 卷，人民出版社 1971 年版，第 516 页。
③ 《马克思恩格斯全集》第 20 卷，人民出版社 1971 年版，第 516 页。

唯心主义颠倒了物质和精神的真实关系，这是必须坚决反对的。但是与此同时，也必须充分看到人的主观能动性。恩格斯说："……人离开动物愈远，他们对自然界的作用就愈带有经过思考的、有计划的、向着一定的和事先知道的目标前进的特征。"① 这种计划性、目的性归根到底还是由存在、由物质需要决定的，否认这一点就是唯心主义；但是，如果忽视了人类活动的计划性与目的性的特点，也绝不是辩证唯物主义。

我们说计划性与目的性是人类活动的特点，决不是说这种能力在其他动物那里就丝毫没有。就生物活动具有一定的选择性来说，不仅是动物，即使植物也在不同程度上具有这种特性。"食虫植物捕获食物的方法，虽然完全是无意识的，但在某一方面也表现出是有计划的。动物从事有意识有计划的行动的能力，和神经系统的发展相应地发展起来了，而在哺乳动物那里则达到了已经相当高的阶段。"② 恩格斯指出这一点是很有意义的。否则就会使人类为什么会具有这一特点成为不可思议的。

但是，如果只看到人与动物意识活动的相同的一面，而看不到它们之间的本质区别也是错误的。达尔文的观点就包含着这种错误，达尔文过分夸大了人与动物意识活动相同的一面，没有看到人类精神能力与劳动结合一起的作用是任何动物实现不了的，因为"……一切动物的一切有计划的行动，都不能在自然界打下它们的意志的印记。这一点只有人才能做到。"③

总之，劳动创造了人，人与动物的根本区别也在于劳动。恩格

---

① 《马克思恩格斯全集》第 20 卷，人民出版社 1971 年版，第 517 页。
② 《马克思恩格斯全集》第 20 卷，人民出版社 1971 年版，第 518 页。
③ 《马克思恩格斯全集》第 20 卷，人民出版社 1971 年版，第 518 页。

斯总结说："一句话，动物仅仅利用外部自然界，单纯地以自己的存在来使自然界改变；而人则通过他所作出的改变来使自然界为自己的目的服务，来支配自然界。这便是人同其他动物的最后的本质的区别，而造成这一区别的还是劳动。"[①]

## 第三节　人类要正确运用自然规律

### 一、人类要正确运用自然规律

人类在劳动过程中逐渐认识了自然的规律，然后只有按规律行事，才能达到预期的结果，实现改造自然的目的。

规律是可以认识的，人类自己的行动所带来的后果也是可以预期的。但是，这需要一个过程，不是一下子就能办到的。在没有认识规律以前，行动就免不了是盲目的。社会发展的阶段越低，这种盲目活动也越多。在人类的早期，活动的盲目性更大。"自然界起初是作为一种完全异己的、有无限威力的和不可制服的力量与人们对立的，人们同它的关系完全像动物同它的关系一样，人们就像牲畜一样服从它的权力"。[②] 在这个阶段，严格说来，人对自然的改造微乎其微，实际上此时人还不是自然的主人，而是自然的奴隶，这时人们还生活在"必然的王国"之中。

即使后来生产发展了，人类认识自然的程度也加深了，但是由于事物之间的相互关系极其错综复杂，所以要达到比较充分的认识仍有一定困难，这就使人们的活动仍然带有极大的盲目性，对

---

① 《马克思恩格斯全集》第 20 卷，人民出版社 1971 年版，第 518 页。
② 《马克思恩格斯全集》第 3 卷，人民出版社，1960 年版，第 35 页。

行动的自然后果还不能有较远的预见。常常发生这种状况："在第一步都确实取得了我们预期的结果，但是在第二步和第三步却有了完全不同的、出乎预料的影响，常常把第一个结果又取消了。"①

人们由于没有按照自然规律去改造自然，必然受到自然界的报复和惩罚。近代以来，由于科学技术水平的发展，人类认识自然、改造自然的能力大大提高，人类实践的范围不断扩大，使得更多的天然自然转化为人化自然，人类在征服自然、利用自然取得巨大成果的同时，对自然均衡状态的破坏也达到了相当严重的程度。目前全球存在的人与自然的问题：人口问题（人类自身问题）、资源问题（自然问题）、环境问题、生态问题（人与自然的关系问题）相当突出。环境污染、生态失衡已成为世界性公害。为了发展农业，人们往往盲目地砍伐森林，开垦荒地，结果造成水土流失，气候变坏，甚至把大片森林或草原变成了荒漠。如20世纪30年代美国对西部草原的开垦，20世纪50年代前苏联对哈萨克斯坦草原的开垦，均造成严重的后果。现代农业生产中对农药的滥用，工业生产中所产生的大量废水、废气和废渣，也都导致了生态环境的破坏，严重污染了空气、水源和良田，并给生物和人类健康带来长远性的危害。

据世界卫生组织报告：目前全世界有10亿以上人口生活在污染严重的城市，而在洁净环境中生活的城市人口不到20%。全世界有近1/3的人口缺少安全用水，每天有数以万计人的死与水污染有关，食品中毒事件经常发生。由于自然资源非正常利用，异生型人工自然物的大量滋生，干扰了自然生态的正常演化，破坏了

---

① 《马克思恩格斯全集》第20卷，人民出版社1971年版，第519页。

整体自然生态系统的稳定和平衡，出现了全球性的生态危机。其中："臭氧层的破坏""温室效应""酸雨危害"，已成为世界性的生态危机的三大突出问题。人与自然关系严重失衡，造成这一失衡的原因是多方面的，但主要有 4 个方面不可忽视：一是人类认识自然的水平有限；二是人类对技术的控制能力不够；三是功利主义思想的影响，国家利益、民族利益、地区利益、集体利益以及个人利益代替了人与自然的整体利益和长远利益；四是价值偏见。人们在实践过程中，往往只注意到眼前自然资源的使用价值，而忽略了自然永存的内在价值，为了满足眼前局部的利益，对自然资源进行掠夺性开采，以至危及人类的持续发展。

人要想摆脱活动的盲目性，就必须善于向自然学习，发现自然规律，遵从自然规律，在改造自然的过程中不仅要注意当前的利益，而且要考虑长远的后果，要牢牢记住"我们对自然界的整个统治，是在于我们比其他一切动物强，能够认识和正确运用自然规律。"[①] 恩格斯 100 年前的这个论断，对于我们今天仍然具有巨大的现实意义。

## 二、人与自然要和谐相处

恩格斯在《劳动在从猿到人转变过程中的作用》一文中，从辩证唯物主义和历史唯物主义出发，考察了自然科学的新成就，进一步思考了人与自然的关系。恩格斯认为人类正因为运用了科学技术才摆脱自然界的束缚，成为自然界的改造者和控制者。恩格斯认为，和其他动物不同，人对自然界的认识和改造，都是有

---

① 《马克思恩格斯全集》第 20 卷，人民出版社 1971 年版，第 519 页。

计划的、有目的的活动，而且，人类之所以能够成为自然界的改造者和控制者，是因为人类能够认识和正确运用自然规律。自然界不会天然地满足人类的需要，为了使自然界适合自己的需要，人类必须改造自然界的物质形态。与其他动物相区别，人能有意识有目的地改造自然界。但是人们对自然界的改造不是随心所欲的，是在认识自然规律、遵循自然规律的前提下进行的，如果违背自然规律，就会遭到自然界的惩罚。恩格斯同时认为，人类自身的生产活动对自然界的比较长远的影响，人们需要经过长期的劳动才会稍微有所体会，对于科学技术人们应当考虑其应用的长远后果。

恩格斯提出了人与自然要和谐相处的生态观念。当时，人类科学技术活动还未充分展开，地球生态问题尚未完全显现，面对人们所取得的成果，恩格斯警告说："不要过分陶醉于我们对自然界的胜利，对于每一次这样的胜利，自然界都报复了我们。"[①] 恩格斯举例说明，一些地区的居民，为了扩大耕地面积，砍伐破坏森林，结果适得其反，这些地方变成了荒芜之地。因此，恩格斯说："我们必须时时记住：我们统治自然界，决不像征服者统治异民族一样，决不像站在自然界以外的人一样。"[②] 恩格斯还说："每一次胜利，在第一步都确实取得了我们预期的结果，但是在第二步和第三步却有了完全不同的、出乎预料的影响，常常把第一个结果又取消了。"[③] 恩格斯还认为，人们只顾及劳动的近期收获，而对于劳动的长期社会影响几乎不考虑；人们往往只看到科学技术应

---

① 《马克思恩格斯全集》第 20 卷，人民出版社 1971 年版，第 519 页。
② 《马克思恩格斯全集》第 20 卷，人民出版社 1971 年版，第 519 页。
③ 《马克思恩格斯全集》第 20 卷，人民出版社 1971 年版，第 519 页。

用的正面效应，对以后才显现出来的科学技术应用的负面影响完全忽视。因此，由于人们对科技应用的长远后果无法事先作出准确预料，也就不可避免地给人类的生存和发展带来消极负面的影响。

在唯物辩证法看来，世界上的任何事物都是矛盾的统一体。我们面对的现实世界，就是由人类社会和自然界双方组成的矛盾统一体，两者之间是辩证统一的关系。一方面，人与自然是相互联系、相互依存、相互渗透的：人由自然脱胎而来，其本身就是自然界的一部分。人类的存在和发展，一刻也离不开自然，必然要通过生产劳动同自然进行物质、能量的交换。随着生产力水平的提高，人类认识自然、改造自然的能力不断增强，现在的自然已经不是原来意义上的自然，而是到处都留下了人的意志印记的自然，即人化了的自然。"人化自然"表明人与自然之间的相互联系、相互渗透越来越密切。人与自然之间客观上形成的依存链、关联链和渗透链，必然要求人类在认识自然、改造自然、推动社会发展的过程中，不仅要自觉地接受社会规律的支配，同样要自觉地接受自然规律的支配，促进自然与社会的稳定和同步进化，推动自然与社会的协调发展。另一方面，人与自然之间又是相互对立的。人类为了更好地生存和发展，总是要不断地否定自然界的自然状态，并改变它；而自然界又竭力地否定人，力求恢复到自然状态。人与自然之间这种否定与反否定，改变与反改变的关系，实际上就是作用与反作用的关系，如果对这两种"作用"的关系处理得不好，特别是自然对人的反作用在很大程度上存在自发性，这种自发性极易造成人与自然之间失衡。此外，由于人类改造自然的社会实践活动的作用具有双重性，既有积极的一面，又有消极的一面，如果人类能够正确地认识到自然规律，恰当地把握住人类与自然的关系，就能不断地取得改造自然的成果，增强人类对自然的适应能力，提高人类认识自然和改造自然的能力；如果在对自然界更深层次的本质联系尚未认识到，人类与自然一定层次上的某种联系尚未把握住的情况下，改造自然，其结果要么自然内部的平衡被破坏，要么人类社会的平衡被破坏，要么人与自然的关系被破坏，因而受自然的报复也就在所难免。恩格斯曾就此告诫过人们"不要过分陶醉于我们对自然界的胜利。对于每一次这样的胜利，自然界都报复了我们。每一次胜利，在第一步都确实取得了我们预期的结果，但是在第二步和第三步却有了完全不同的、出乎预料的影响，常常把第一个结果又取消了"。恩格斯还以美索不达米亚平原变成沙漠为例论证了自己的观点。

建立人与自然的和谐共处、协调发展关系，实现人类与自然界关系的全面、协调发展是人类生存与发展的必由之路。为此，首先必须确立大自然观。现代意义上的自然观，真正视人类与自然是相互依存、相互联系的整体，从整体上把握住规律，并以此作为认识自然和改造自然的基础。其次，必须走出"人类中心"的误区，建立人与自然全面和谐共处和协调发展的关系。科学证明人类不过是众多生物种类中的一种，人类只是自然的一部分，同时由于主客观条件的限制，人类的认识具有很大的局限性，况且人类的认识正确与否、能否得到完善和发展，一点也不能离开认识自然和改造自然的活动（即实践），尤其是对自然规律的认识和把握，更是离不开人与自然的联系，在当今世界变革的大潮中，新出现的诸如"大科技观""持续发展观""生态价值观"等等，就是对"人类中心论"的否定。其三，必须全方位地探讨自然的价值。不仅要征服自然、利用自然，从自然中获取有利于人类发展的使用价值；同时要善待自然、保护自然、尊重自然。要树立大价值观念，即在评价一切经济活动和社会活动时，不仅要考虑其经济价值，而且要考虑其生态价值；不仅要考虑眼前价值，而且要考虑长远价值；不仅要考虑从自然中所得，还要考虑如何回报自然等等。只有这样，才能真正建立起人与自然和谐共处的关系，实现人与自然和谐共处，协调发展。

# 第三部分　拓展阅读

## 第一章　唯物辩证法对自然科学的指导意义

恩格斯根据当时自然科学的发展状况和德国哲学领域的混乱状况，从理论上说明了自然科学家自觉地学习唯物辩证法的重要性。

### 第一节　只有辩证法能够帮助自然科学战胜理论困难

在《自然辩证法》一书中，恩格斯考察了当时自然科学的发展状况，指出从形而上学的思维复归到辩证的思维的历史必然性，并且分析了这种复归的道路，说明批判地学习历史上存在的两种辩证哲学形态，对于现代自然科学是有益的。

#### 一、自然科学家学习辩证法的必要性

近代自然科学的发展，18 世纪中叶之前，主要是搜集材料，通

过对一个个对象的研究，进行概括、推理，得出自然科学的定律，从而开辟了近代实验科学的新纪元，用实验观察的方法代替了以前自然哲学的主观臆造，使自然科学从神学的束缚中解放出来。这在当时是一个巨大的进步。但是，经验自然科学的这种孤立地、静止地、片面地考察事物的方法，又不可避免地给人们带来了形而上学的思维方法，使科学家只能把握事物的表面现象和外部联系，而不能全面反映事物，更不能深刻反映事物的本质和事物之间的内在联系。这不仅不能把唯物主义贯彻到底，而且会重新陷入唯心主义和神学的泥潭之中。

18 世纪中叶以后，自然科学迅速发展，迫切要求在已经积累了大量实证知识材料的基础上，依据各个领域内在联系对材料加以系统整理，并且建立各个知识领域互相之间的正确联系。自然科学因此走进了理论的领域。理论自然科学的任务就在于把各种具体的科学知识综合起来，系统地说明自然界的视律，揭示自然界的内部矛盾和本质。为了建立理论自然科学，只针对于经验的认识方法的研究是不够的，必须运用理论思维的方法。但是，理论思维仅仅是人所具有的一种能力。人的知识、才能并不是先天就有的，而是靠后天的社会实践和锻炼。理论思维离不开哲学的指导。自然科学家不管愿意与否，他们都是受一定的哲学支配的。恩格斯特别强调指出，为了发展理论思维的能力，自然科学家必须"学习以往的哲学"（第27页），批判地继承人类认识史的经验。

恩格斯分析了自然科学家学习辩证法的必要性。

第一，辩证法为自然科学提供了最有效的理论思维方法。在辩证法看来，人类的理论思维是不断发展的，思维规律和思维方法也是不断发展的，它们都是历史的产物。古希腊的亚里士多德提出的辩证思维方法和逻辑学，对后来人类理论思维的发展起了重大的作用。近代史上培根和笛卡儿等人对思维方法的研究，比亚里士多德前进了一大步，对自然科学的研究起到了积极的推动作用。当自然科学发展到 19 世纪，各门科学都积累了大量的经验材料，整理和综合这些材料成了主要的任务。在这种情况下，只有运用辩证的思维方法，才能作出理论上的综合。正像恩格斯所说的："恰好辩证法对今天的自然科学来说是最重要的思维形式，因为只有它才能为自然界中所发生的发展过程，为自然界中的普遍联系，为从一个研究领域到另一个研究领域的过渡提供类比，并从而提供说明方法。"[1]

如果说，在 17－18 世纪自然科学处于积累材料的阶段时，经验的方法是必要的，而且起过积极作用的话，那么，到了 19 世纪自然科学处于整理材料的阶段时，经验的方法就不够用了，而必须运用辩证的思维方法。这是因为自然界本身是按照辩证法的规律发展的，自然科学的新成就已从各个领域揭示了自然界的辩证发展过程。只有运用辩证法，才能理解这些过程，才能对自然界的普遍联系和发展过程作出理论上的综合。

第二，历史上的辩证的自然观念对后来的自然科学具有重大的启示作用。熟悉哲学史和科学史的人都知道，古希腊的自然哲学可说是近代自然科学的摇篮，近代自然科学中许多理论的建立，都受到古代思想家的启发，都可从古希腊自然哲学中找到萌芽。古希腊的自然哲学，总的说来，为我们提供了一幅辩证发展的自然图景，虽然这种观念是素朴的、直观的，这幅图景是粗线条的，但它确实给后人以有益的启示。如哥白尼的太阳中心说，就是从古希腊的毕

---

[1]　《马克思恩格斯全集》第 20 卷，人民出版社 1971 年版，第 383 页。

达哥拉斯学派那里找到了思想渊源；道尔顿的原子论，来源于古希腊的留基伯和德谟克利特的原子论；达尔文的进化论，在古希腊的自然哲学中也有思想萌芽；等等。甚至 15 世纪中叶发现的能量守恒原理的基本思想，在它出现以前 200 年，已经有笛卡儿作了表述。这些实例都说明，熟悉科学思想发展史，熟悉哲学史对于自然科学家从事理论研究，具有启迪思路的作用。一切在科学史上作出了划时代贡献的伟大科学家，如哥白尼、爱因斯坦等，都在哲学的学习上下过很大的功夫，都有相当深厚的哲学修养。"一个民族想要站在科学的最高峰，就一刻也不能没有理论思维。"[①] 这是恩格斯对发展理论自然科学的经验的精辟总结。事实上一个仅仅埋头于实验室中的人，一个视野闭塞、思路狭窄的科学工作者，想在理论研究上有所建树是不可能的。因为任何一个重大科学理论的创立，都是一次大综合，是对某一科学部门、或某几个科学部门相互交叉的领域的大量材料的综合。为了完成这个综合，除了需要掌握有关的全部最新材料外，还要求了解对这一问题研究的历史。正因为任何一个重大的科学理论都是从不同的领域揭示自然界的辩证法，所以熟悉历史上的辩证的自然观念，就能得到有益的启示。这就说明，熟悉历史上的辩证的自然观念，熟悉辩证法的最新成果，掌握辩证的思维方法，对当时自然科学摆脱面临的思想混乱，具有重大的意义。也就是说，在当时，为了推动自然科学理论思维的健康发展，自然科学应该"复归到辩证的思维"。

## 二、复归到辩证思维的两条道路

恩格斯指出了复归到辩证思维的可能的两条道路。一条是通过

① 《马克思恩格斯全集》第 20 卷，人民出版社 1971 年版，第 384 页。

自然科学的研究而自发地达到，一条是通过对辩证哲学的学习而自觉地达到。

## （一）通过自然科学研究自发地达到辩证思维

恩格斯指出，通过自然科学的研究本身是有可能自发地达到辩证思维的。

近代自然科学以日益丰富的材料证明：在自然界一切过程终究是"辩证地"而不是"形而上学地"进行着的。自然科学的发现一定要冲破旧形而上学的枷锁复归到辩证法。所以人们可以为积累的自然科学的事实所迫而不得不对自然界作出辩证的理解。一个自然科学家如果他能以老老实实的态度对待科学，就可能在他狭小的专业范围内作出某些符合辩证法的科学结论，并且可能在一定程度上接近或者达到带有辩证思想的自然观。达尔文以大量的生物学材料证明整个现存有机界是千百万年长期发展的结果，这就打击了物种不变的观点，为辩证唯物主义自然观提供了科学根据。门捷列夫不自觉地应用量变的规律找到了化学元素周期律，证明了辩证法的规律在化学中的普遍意义。达尔文、门捷列夫在某种程度上已经通过自然科学本身的发现自发地复归到辩证思维。

但是这种自发的复归是一个曲折、艰难而又缓慢的过程。本来人对自然的认识就是一个曲折、复杂的过程，而不自觉地运用唯物辩证法作指导，就更难以克服认识过程中所遇到的困难，从而延缓认识的发展。生物学中的进化论，从卡·弗·伏尔夫宣布"种源说"到达尔文发表《物种起源》整整有 100 年。物理学上从笛卡儿提出"运动不灭原理"到能量守恒和转化定律的确立则经历了 200 年。上述科学发现经历了漫长的过程，除了主要是由于生产经验和科学实验所积累的材料不足外，形而上学的世界观起了很大的阻挠和延缓的作用。

同时，这种自发的辩证法思想，正像自发的唯物主义一样是不坚定、不彻底、不全面的。它不仅难以贯彻到自然科学以外的领域中去，即使在自己狭小的专业范围内也往往不能贯彻到底。自发的辩证法思想抵挡不住唯心主义以至宗教的进攻，甚至倒向唯心主义或为宗教迷信所俘虏。拜尔、赖尔、华莱士等人的世界观的矛盾情况，都说明了这一点。这种情况也说明，尽管通过自然科学的研究，自然科学家能够达到对自然界某一类现象的辩证的理解，但是要自发地达到完整的辩证唯物主义世界观，则是不可能的。要在思想上达到辩证唯物主义世界观，除了自觉地学习唯物辩证法，进行思想革命之外，是没有其他的道路可走的。

### （二）学习辩证法自觉地达到辩证思维

恩格斯指出，通过对辩证哲学的学习，自觉地达到辩证思维，是促进自然科学理论研究的道路。学习历史上的辩证哲学，自觉地运用辩证法，就可以使达到辩证思维这一过程大大地缩短。在马克思主义以前，历史上最富有成果的辩证哲学，一是古希腊哲学，二是 18－19 世纪的德国古典哲学。

辩证哲学的第一个形态是古希腊哲学。这种哲学把自然界当作一个整体从总的方面加以考察，他们首先看到的是自然现象的普遍联系和相互作用，是整个自然界运动、变化的全貌。虽然由于当时的生产水平和科学水平的限制，这种观念只是朴素的、直观的，在细节上不够清楚，对具体过程的考察不够精确，许多结论缺乏实验根据，带有臆测的性质。但总的说来，它是一个本质上正确的自然观。古希腊哲学给后来的自然科学留下了朴素的辩证思想，留下了从整体上考察自然的正确的思想方法。同时，它所包含的许多天才的科学思想的萌芽，对近代自然科学理论的创立有很大的启发。因此，熟悉古希腊哲学，对于自然科学的理论研究是很有益处的。

辩证哲学的第二个形态是以康德和黑格尔为代表的德国古典哲学。康德早期的自然哲学著作闪耀着辩证法的光辉。康德的太阳系起源的星云假说和潮汐摩擦延缓地球自转速率的假说，对后来自然科学的发展产生了深远的影响，在科学史上占有重要的地位。但是，康德的整个哲学体系，康德的认识论却是唯心主义、不可知论和形而上学的。而黑格尔则是德国古典哲学的最大的辩证法家。黑格尔对辩证法作为一种思想方法的具体内容，作了十分详尽的探讨。黑格尔又把辩证法运用于考察认识史，对于研究认识发展的辩证过程提出了许多具有启发性的见解，这些辩证法的思想对自然科学的理论研究本来是很有意义的。但由于黑格尔哲学的思辨性质，使得许多科学家不能理解他的思想。

在研究黑格尔哲学的时候，应该批判他的错误的出发点，即批判他的唯心主义观点和违背事实地任意构造的体系。恩格斯批判黑格尔的思辨哲学，但恩格斯并没有全盘否定这种自然哲学，而是对它作了中肯的分析，指出它也含有某些合理的因素。就科学发展的过程来说，当一门科学处于萌芽时期，由于经验材料还相当贫乏，对问题的研究不可能不在某种程度上采用直觉的方法，不可能不在某种程度上带有思辨的性质。如果我们不是停留在思辨，而是把某些初步的猜测作为进一步研究的起点，顺着这条思路有意识、有选择地去进行观察、实验，积累经验材料，就可以逐步加深认识。可见，不能把思辨当作绝对坏的东西。所以，从辩证法的观点看来，黑格尔的辩证法，虽然带有思辨的性质，但其内核是合理的，需要剥去其唯心主义外壳，吸取其合理的内核。这是对待黑格尔哲学的唯一正确的态度。

### 三、正确的理论思维能推动自然科学前进

恩格斯通过科学史上的事实，阐释了理论思维在自然科学研究中的重要作用，说明正确的理论思维能推动自然科学前进。

德国的自然哲学家奥肯"纯粹沿着思维的道路"提出了"原浆说"和"原胞说"，即关于原形质和细胞的假说。他在 1809 年出版的《自然哲学教科书》中提出了这两个假说，他认为一切有机体的生命现象，都是由一种简单的生活物质产生的，他称这种物质为原始黏液。他认为这种物质是一种蛋白质化合物，能与外界的生活条件相适应，并在物质的交互作用的过程中，转变成各种各样的形式。这正好是后来的原生质理论的雏型。奥肯还认为，大海中最初出现的原始黏液，不久即成极小胞状，这种极小胞就是最简单的有机体，它是一切有生命物体的基础，小胞又按不同方式聚合发展出复杂的高等有机体。后来，细胞理论和原生质理论的建立证实了奥肯关于原始黏液和极小胞的预见是正确的。

1672 年法国天文学家李希（1630—1698）发现由于地球转动所发生的离心力使地面上的重力不是各处均等的。牛顿依据这种见解推想因地球转动而产生的离心力应当使地球沿转动轴发生偏缩现象，并由这种思想出发算出地球的扁度是 1/230，也就是说，地极半径比赤道半径短 1/230。后来，牛顿的这一结论遭到法国天文学家卡西尼（1677—1756）等人的反对，卡·西尼等人根据当时不精确的测量断言地球是椭球形的，并且以极轴为长轴。1837 年法国科学院为了解

决地球形状的争论问题，派出两支远征测量队，一支去秘鲁，一支去瑞典的拉普兰德。测量的结果是纬度 1°的长度在秘鲁比在拉普兰德短 1 千米多。这说明地球的两极是扁平的，即地球是一个扁球体。虽然这次测量的数值与牛顿及其后继者所建立的天体力学的推算数值并不完全符合，经过后来进一步的测量和计算，证明地球的扁度为 1/334。但是，这两个地区的测量从性质上证实了牛顿的理论推测：地球是扁平的形状。

## 第二节　自然科学家总是受哲学支配的

恩格斯在《自然辩证法》一书中，批判了庸俗唯物主义、经验主义、机械论等错误观点，说明自然科学的发展总是受一定哲学思想的支配，只有以唯物辩证法为指导，自然科学才能沿着正确道路向前发展。

### 一、批判庸俗唯物主义

庸俗唯物主义是 19 世纪 50 年代在德国出现的资产阶级哲学流派之一，它是德国资本主义发展的产物。1848 年的德国革命，虽然以资产阶级的妥协告终，在政权形式上改变不大，但是，实际上为资本主义的发展开辟了道路。1848 年以后，德国的资本主义迅速发展起来，自然科学也随之出现了巨大的跃进。但是正当自然科学的发展迫切需要辩证法的帮助时，资产阶级却抛弃了德国古典哲学的光荣，抛弃了黑格尔的辩证法，丑化费尔巴哈的唯物主义。各种平庸的折衷主义的哲学、反动的形而上学的残渣充斥市场。庸俗唯物主义就是当时流行的资产阶级哲学流派之一。庸俗唯物主义的代表人物希毕纳、摩莱肖特、福格特等人，适应资产阶级发展资本主义的实际要求，提出了"科学和实验是时代的口号"。他们到处作自然科学通俗化讲演，进行无神论宣传，起了一定的积极作用。1854年法国生理学家瓦格涅（1813—1887），在一次自然科学的年会上演讲《人类的创造与心灵物质》，宣称基督教所说的灵魂不灭已经在自然科学上得到了证实，人类知识的缺欠应当由对上帝的信仰来补充。这一讲演引起了一场争论。为此，福格特写了《盲目信仰与科学》，毕希纳写了《力与物质》，以反对瓦格涅对神学观念的论证。所以恩格斯说："人们本来可以听其自然，让他们从事自己的即使狭隘但并不坏的职业，即教给德国庸人以无神论等等。"[1]

恩格斯指出，有两个重要的原因迫使我们不能对庸俗唯物主义者置之不理："第一，他们对无论如何总是德国的光荣的哲学竟肆行辱骂……第二，他们妄图把自然科学的理论应用于社会并改良社会主义。"[2]

庸俗唯物主义者对黑格尔哲学采取了粗暴的否定态度，宣称它是毫无内容的哲学骗局。如毕希纳在《力与物质》一书中，指责黑格尔哲学"除了精神骗局之外，什么也没有"。恩格斯认为这种粗暴的辱骂，简单的否定态度是完全错误的，它并不能真正克服黑格尔哲学的缺陷。黑格尔哲学是德国古典哲学的宝贵遗产，对它的辩证法的"合理内核"应当批判地继承下来。

庸俗唯物主义的主要错误在于，他们对物质与意识的关系问题作了庸俗的简单化的理解，他们把一切都看作物质，连思想也说成是物质，把思想过程，意识过程完全归结为生理过程。

---

① 《马克思恩格斯全集》第20卷，人民出版社1971年版，第542页。
② 《马克思恩格斯全集》第20卷，人民出版社1971年版，第542页。

庸俗唯物主义还否认各种物质运动形态之间的质的差别，甚至否认有机自然界与无机自然界之间的质的差别，宣传机械论的观点。他们否认自然界有任何质的飞跃，而认为物质永远处于简单的循环之中。

在社会历史领域里，毕希纳妄图根据达尔文学说的生存斗争观点解释社会生活，他们引用生理学材料作出反动的结论，以维护资本主义制度的永恒存在，为反动的种族主义辩护。毕希纳认为，人类社会服从生物学规律，人类可以依照头脑的丰富与贫乏区分为有教养者与无教养者，这种区分可以按照生物的遗传性一代代地传下去，而有教养者统治无教养者的情况也是永恒不变的，符合生物学规律的。这些观点直接为资本主义的阶级剥削、种族歧视的合理性、资本主义制度的永恒性作论证，从理论上反对无产阶级的革命运动。所以恩格斯指出不能对他们置之不理，而要严肃地加以批判。

毕希纳等人公开辱骂黑格尔的辩证法和宣传庸俗唯物主义哲学的做法，引起了自然科学中理论思维的"纷扰和混乱"，为此，恩格斯把对毕希纳等人的批判与自然辩证法的研究结合起来。恩格斯从自然科学发展的客观要求出发，分析"形而上学和辩证法"这两种哲学派别的对立，以及它们对自然科学发展的关系。恩格斯指出，一直到18世纪末和19世纪上半叶，自然科学家靠着旧的形而上学还勉强可以应付；19世纪中叶以后，自然科学大大向前发展了，从各方面揭示了自然界的辩证本性，如细胞学说、达尔文进化论、能量守恒和转化定律等都是这一时期的伟大成果，适应自然科学的发展情况，只有辩证法才能帮助自然科学家合理地解释这些成果，推动自然科学前进，恩格斯作出结论说："摆脱了神秘主义的辩证法，变成了自然科学绝对必需的东西"（第182页）。

　　为了帮助自然科学家吸取历史上人类思维的经验与教训，运用辩证法解决理论上的困难问题，恩格斯在这里指出，自然科学家不应该像毕希纳等庸俗唯物主义者那样粗暴的对待以往的哲学，而应该批判地学习以往的自然哲学。因为在旧的自然哲学中，除了有许多谬见和空想之外，还包含合理的东西，这些好的东西往往是自然科学家在自己的领域里也不能达到的。如康德第一个提出了天体演化假说，从而打开了形而上学自然观的第一个缺口，自然哲学家奥肯纯粹沿着思维的道路提出了"原浆说"和"原胞说"，特别是黑格尔，恩格斯认为"他对自然科学的概括和合理的分类是比一切唯物主义的胡说八道合在一起还更伟大的成就。"① 这些事实都说明辩证的理论思维对于推动自然科学的研究有着重要的意义，自然科学家批判地学习以往的自然哲学中的合理的东西会有助于自己的科学研究工作。

## 二、批判自然科学家对哲学的轻视态度

　　经验主义的思维方法在自然科学的理论中引起了很大的混乱。在 17－18 世纪，在物理学中流行着一种观点，认为热、电、光、声等自然现象是由某种特殊的不可称量的质素，如热素、电流体、光素、声素等等所引起的。物体中所含热量的多少，电流的强弱等等都是为这些质素的量所决定的。这些质素共同存在于物体的空隙之中，但是，它们彼此是孤立的，所以只能混合交错地存在于彼此的孔道之中，而不能相互渗透与贯穿。这种观点虽然风行一时，解释过一些现象，但是随着科学的发展，人们认识了热、光、电、声等

---

　　① 《马克思恩格斯全集》第 20 卷，人民出版社 1971 年版，第 546 页。

等不外是物质运动的不同形式，而所谓彼此独立的质素及其孔道是不存在的。

19世纪，一些物理学家认为，一个物体有两倍于另一个物体的密度，是因为在同一空间内，前者所包含的粒子数目为后者的两倍。同样，关于热和光，也用热和光的粒子数目的不同，来解释不同的温度或亮度。黑格尔认为这种解释纯粹是为了方便而作出的假设，他认为原子和分子是超出感官知觉范围之外的东西，是只有思想才能把握的东西，用经验主义的思想方法去设想它们是没有意义的。应该指出，在黑格尔的这些论述中，包含着唯心主义的成分，即他认为分子和原子只是抽象的思维规定，而不是客观存在的事物。后来科学的发展不仅证明了原子和分子的客观性，而且甚至可以直接观察到分子。不过，黑格尔在这里对经验主义思维方法的批判，对我们还是有启发的。

19世纪，自然科学已经由搜集材料阶段进到整理材料的阶段，正需要正确的哲学帮助自然科学进行理论概括的时候，有一些自然科学家一方面深受形而上学等错误哲学观点的影响，另一方面又排斥哲学，认为哲学是纯粹思辨的不可捉摸的东西，是无聊的甚至是危险的玄想。黑格尔哲学解体以后，在德国的理论域里，各种唯心主义及庸俗唯物主义广泛传播。哲学方面的混乱状况使自然科学家们更加轻视哲学，许多自然科学家只片面地看到以往自然哲学中的那些荒谬的东西，从而对一切哲学都采取一概否定的态度。许多自然科学家认为科学的最高目标是认识真理，科学认识中感觉经验很重要，没有哲学的指导也会有科学发现。病理学家微耳和（德国，1824—1902）就是这种思想的一个代表人物。他认为，运用观察和实验对单独事实进行分析研究，乃是科学的唯一工作。海克尔反对这种经验主义的思潮，主张对自然现象有必要进行综合的理论研究，但是由于他的自发唯物主义的局限性，他不能把这种经验主义思潮提高到世界观的高度来批判。

恩格斯指出："不管自然科学家采取什么样的态度，他们还是得受哲学的支配。问题只在于：他们是愿意受某种坏的时髦哲学的支配，还是愿意受一种建立在通晓思维的历史和成就的基础上的理论思维的支配。"[1] 自然科学要反映自然现象的客观规律性，"离开了思维便不能前进一步，而且要思维就必须有逻辑范畴"（第 187 页）。物质、运动、规律、量与质、时间与空间、原因与结果、内容与形式、必然性与偶然性等等范畴，是任何科学都要运用的哲学范畴，但它们又不是任何一门自然科学的研究对象，任何一门自然科学都不能对它们进行完整的概括。只有哲学才研究这些范畴，而且不同的哲学对它们有不同的理解。因此，自然科学家自觉或不自觉地总是受着一定哲学观念的支配，不是受唯物论、辩证法的支配，就是受唯心论、形而上学的支配。任何一个从事自然科学研究的人都必须对这一问题作出抉择。科学发展史上的无数事实证明，那些忽视哲学和侮辱哲学的人，实际上是作了最坏的哲学的奴隶。自然科学工作者必须警惕资产阶级反动哲学的侵袭，自觉地学习唯物辩证法。"只有当自然科学和历史科学接受了辩证法的时候，一切哲学垃圾——除了关于思维的纯粹理论——才会成为多余的东西，在实证科学中消失掉。"（第 188 页）

---

[1] 《马克思恩格斯全集》第 20 卷，人民出版社 1971 年版，第 552 页。

## 第三节　蔑视辩证法是不能不受惩罚的

"神灵世界"与自然科学本是风马牛不相及的两个概念，但 19 世纪一些受经验主义束缚的自然科学家，竟毫不怀疑地接受唯灵论的欺骗宣传，甚至把迷信活动作为自然科学的研究课题，企图创立"神灵世界"中的自然科学，用实验方法证明神灵现象的存在。

近代自然科学从 15 世纪后半期产生以后，在对自然现象的研究中，有两种对立的观念：一派是以黑格尔为主要代表的德国唯心主义的自然哲学，把自然界说成是某种"绝对观念"的"外化"；另一派是以弗兰西斯·培根为始祖，在英国占统治地位的经验主义。经验主义者承认感性经验是知识的唯一来源，但由于它不能正确理解感性认识与理性认识的辩证关系，片面夸大经验的作用，"单凭经验、非常蔑视思维、实际上走到了极端缺乏思想的地步"（第 34 页），结果陷入唯心主义泥坑。因此，恩格斯使用"两极相通"这个辩证法的古老命题，说明经验主义和唯心主义之间没有不可逾越的鸿沟。经验主义者非常蔑视理论思维，结果"变成了从美国输入的招魂术和请神术的不可救药的牺牲品"（第 34 页）。恩格斯用英国、德国、俄国的几个著名自然科学家的事例，生动而尖锐地揭露了他们从极强的经验论堕入唯灵论的可悲过程。

### 一、唯灵论的典型事例

19 世纪后半叶，欧美各国普遍盛行扶乩、请神等降神术的迷信活动，唯灵论者亦借此传播神秘主义思想，论证上帝存在和灵魂不死，以此来反对唯物主义。一些颇具盛名的自然科学家，在经验主义思想支配下，竟盲目相信这一切都是经验事实，丝毫不问事情的本质，有的甚至成为唯灵论的积极宣传者。例如英国著名生物学家华莱士，当涉及到所谓神灵问题时，华莱士抛弃了科学头脑，迷信感觉经验，从开始的一只脚踏入神灵世界，到最后完全堕入唯灵论泥坑。华莱士在《论奇迹和现代唯灵论》这本书中说，开始他只不过听听江湖术士关于"磁力催眠术"的演讲，看看"磁力骨相学"的表演。但是，这位经验主义的自然科学家，竟对这种初接触到的所谓"心灵现象"，丝毫不加怀疑地当作"经验事实"接受下来，甚至还进行了热心的研究，并认为这种研究是他在"自然科学这个部门中的最初实验"。可见这个科学家已经有一只脚踏进了"神灵世界"。经过一段时期，这位科学家则不仅相信"磁力骨相学的奇迹"，还相信了"桌子跳舞的降神术实验"，并且加入了各种"神媒"团体。因为在这位经验主义者看来，所有这些现象都是亲眼可见的"经验事实"。于是华莱士先生的另一只脚也跟着踏进了"神灵世界"，作为"神媒"的科学家，他完全丧失了科学思维的能力，以至于对公开伪造的所谓"神灵照相"也极其轻率地深信不疑，甚至在有人揭穿了这种伪造以后，他还执迷不悟地说"无论如何，有一件事情是明白的；如果什么地方发生了骗人的勾当，那立刻就会被唯灵论者自己看破的"。[①]

其实，迷倒华莱士先生的"催眠颅相学"决非科学。心理学史上曾有一种关于催眠的学说叫动物磁力说，还有一种与催眠学说本无直接关系的颅相学。"催眠颅相学"是由这两种远非正确的学说拼凑而成的一种江湖骗术。

---

① 《马克思恩格斯全集》第20卷，人民出版社1971年版，第394页。

　　动物磁力说是 18 世纪奥地利医生麦斯默尔（1734—1815）提出来的。麦斯默尔曾以磁石按摩人体引起催眠状态，并在这种状态下治愈了一些病人。后来，麦斯默尔不用磁石也能引起催眠状态。于是麦斯默尔认为，在他身体内有一种神秘的力，并可传至对方，影响对方的精神和肉体，驱散对方的疾病。麦斯默尔称这种神秘的力为"动物磁力"。后来，有许多人继承了麦斯默尔的催眠技术，并在医疗上有过广泛的应用。但麦斯默尔关于动物磁力的神秘解释，也遭到正统医学派的反对。

　　颅相学为 18 世纪末、19 世纪初德籍学者加尔（1758—1828）所创立。加尔认为大脑表面的"灰质"（由神经细胞团组成）是脑的执行协调功能的区域，并进而推论大脑皮质的不同部分，主管身体外周传来的不同感觉，同时把相应的反应活动的信息传至身体外周的特定部位。加尔的这个观点，可以说是后来关于大脑功能定位学说的前驱。但限于当时的科学技术水平，以及他本人世界观的局限，加尔没能在已有的成就上导出正确的结论，却把脑生理的研究与脑型，以致颅骨的形状，简单混同起来，提倡所谓颅相学。颅相学的基本观点是：人脑是心理活动的器官，脑的各区域是心理活动的特殊器官，而人脑的型式与颅骨的外形相当。由此，在加尔看来，从一个人的颅骨外形就能推断出这个人的心理特征。

　　颅相学是把人类复杂的心理活动，简单地归结为大脑局部区域的固定功能，这是极不确切的。而且从头盖骨的外形来说明人的心理特征，这样势必有许多牵强附会和臆测之处。虽然"颅相学"在强调脑是心理活动的器官，强调研究脑的功能定位方面，在心理学史上有一定的价值，但总的说来，它是一个充满臆测的不正确的学说。

可见，19 世纪的江湖术士们渲染得神乎其神的"催眠颅相学"，不过是利用"动物磁力说"和"颅相学"的神秘主义部分拼凑而成的伪科学，毫无科学性可言。

恩格斯指出："我们不过随便怀疑了一下，便发现催眠颅相学的江湖骗术的基础，是许多和清醒状态的现象大半只在程度上有所不同的、无需任何神秘解释的现象"（第 36～37 页）。恩格斯坚持辩证唯物主义世界现，对催眠现象做了正确的解释。而华莱士却由于经验主义的束缚，不去研究江湖骗术的真相，却不惜代价地重演所谓"神灵现象"，自欺欺人，当了唯灵论的俘虏。

英国的物理学家兼化学家克鲁克斯也是由经验论陷入唯灵论的。克鲁克斯自称最相信事实，尽管他研究"降神"现象用了弹簧秤、电池等物理和力学的仪器，但他却缺少一件重要仪器，"即怀疑地批判的头脑"（第 39 页）。因此，他对降神术士们玩弄的一些最明显的骗局也无法识破，直到这些骗局被揭穿之后，他还以为那是"完全证实了的现象"而盲目迷信。

当时，在欧洲除了像华莱士、克鲁克斯这样一些降神术的信徒，还有一些像德国物理学家策尔纳那样的"科学请神者"。策尔纳花了许多时间，埋头研究"第四度"空间里的种种奇迹，企图证明神灵的存在。

## 二、自然科学研究需要唯物辩证法的指导

恩格斯深刻指出："这里我们已经了如指掌地看清了，什么是从自然科学到神秘主义的最可靠的道路。这并不是自然哲学的过

度理论化，而是蔑视一切理论、不相信一切思维的尽肤浅的经验论。"① 古代的自然哲学或近代德国的谢林、黑格尔的自然哲学，主要都是依据主观的理论推测来解释自然现象，而不注重运用自然知识或自然科学的成果，以揭示自然界的规律，验证自己的理论解释。因而往往牵强附会，甚至带有神秘主义色彩。但是，恩格斯所揭露的情况却恰恰相反，那些持经验主义观点的自然科学家，根本蔑视理论，更不是"过度理论化"，而是片面强调经验事实，过度沉溺于感性经验，结果陷进了荒诞的神秘主义。

自然哲学用"绝对观念来解释自然现象，因而带有神秘主义的色彩。但是片面强调经验的经验主义者，同样也可以堕入神秘主义的泥坑。这是因为经验主义是一种违背辩证法的错误思想方法，它不能正确认识充满辩证法的自然界。科学必须重视经验，必须建立在丰富的经验事实的基础上，但是科学又不能仅仅停留在感性认识阶段。"要完全地反映整个的事物，反映事物的本质，反映事物的内部规律性，就必须经过思考作用，将丰富的感觉材料加以去粗取精、去伪存其、由此及彼、由表及里的改造制作工夫，造成概念和理论的系统，就必须从感性认识跃进到理性认识。"②

恩格斯指出："错误的思维一旦贯彻到底，就必然要走到和它的出发点恰恰相反的地方去"③。经验主义就是这种错误思维的典型。为正确地认识自然规律，需要搜集大量的材料，掌握大量的经验事实，同时，更重要的是，还需要对所搜集到的大量经验材料进行分析，加以理论概括。离开了从观察、实验中得到的经验材料从事理

---

① 《马克思恩格斯全集》第 20 卷，人民出版社 1971 年版，第 398。
② 《毛泽东选集》第 1 卷，人民出版社 1977 年版，第 268 页。
③ 《马克思恩格斯全集》第 20 卷，人民出版社 1971 年版，第 399 页。

论分析，会流于空洞的抽象；反之，仅仅停留在经验材料上，而不作深入的理论分析，则顶多只能认识事物的现象，而不可能认识事物的本质。有时，甚至被那些歪曲地反映事物本质的表面现象所蒙蔽。丰富的经验事实与科学的理论分析相结合，才是正确的可靠的认识方法。经验主义者片面强调直接的感觉经验，极端轻视理论思维，不懂得认识的辩证法，极端轻视理论思维，"可是没有理论思维，就会连两件自然的事实也联系不起来、或者连二者之间所存在的联系都无法了解。"① 所以，经验主义的"错误的思维一旦贯彻到底，就必然要走到和它的出发点恰恰相反的地方"，"陷入最荒唐的迷信中"（第44页）。

"蔑视辩证法是不能不受惩罚的。"（第43页）经验主义者贬低哲学，结果却作了最坏的哲学——唯心主义的奴隶，当了神学的传教士。他们盲目迷信直观经验，分不清真相和假象，把最拙劣的骗术也当成经验事实而深信不疑，陷入唯灵论的泥坑而不能自拔。当一个骗局被揭穿之后，那些江湖骗子又会玩弄别的诡计，因此要想用纯经验主义的办法一件一件去揭穿是不可能的。"要驳倒顽固的请神者，势必要用理论的考察，而不能用经验的实验"②。

历史告诉我们，自然科学领域中，唯物论与唯心论、辩证法与形而上学的斗争从来都是很激烈的。自然科学与哲学有着密切的关系。从事自然科学工作的人都会受一定的哲学思想支配的。马克思主义的唯物辩证法是人类认识和改造自然界的锐利武器，离开了唯物辩证法这个唯一正确世界观的指导，自然科学便会受到唯心论、形而上学的歪曲和破坏。

---

① 《马克思恩格斯全集》第20卷，人民出版社1971年版，第399页。
② 《马克思恩格斯全集》第20卷，人民出版社1971年版，第400页。

# 第二章　《自然辩证法》的传播与发展

　　恩格斯逝世以后，《自然辩证法》的手稿大部分保存在马克思的女儿爱琳娜·马克思－艾威林手中，一部分保存在考茨基夫人手中。据德国社会民主党领导人伯恩施坦说，在恩格斯去世后不久，他曾经将马克思和恩格斯关于数学和自然科学的手稿委托德国社会民主党党员、物理学家阿隆斯去研究，看这些手稿是否宜于公布。阿隆斯"审查"手稿之后，认为这些著作"太陈旧不堪了"，"完全不能发表"。于是，在伯恩施坦这些机会主义庸人的控制下，《自然辩证法》的手稿一直被扣压下来，未能公开发表。直到恩格斯逝世后 30 年的 1924 年春天，俄共（布）中央派马克思恩格斯研究院长梁赞诺夫前往柏林德国社会民主党档案馆，全面对马克思恩格斯遗稿照相复制，才发现《自然辩证法》手稿。1924 年春，梁赞诺夫找伯恩斯坦谈这部手稿的出版问题。伯恩斯坦把这部手稿交给爱因斯坦审阅。爱因斯坦于 1924 年 6 月 30 日回信，认为这部手稿值得出版。1925 年终于在莫斯科国家出版社作为《马克思恩格斯文库》的第二卷，以德文俄文对照形式正式出版。此后，各国纷纷翻译这部重要著作，日、中、英、法、意等各种译本相继问世。

## 第一节　自然辩证法在前苏联的研究与发展

　　恩格斯《自然辩证法》原著最早的版本 1925 年在前苏联出版，

这个版本大体上是依照恩格斯分四束安排的次序整理复印的。1940年，前苏联又组织一个编辑委员会重新校译、注释和编辑新版本，并于1941年出版。这个版本成为迄今传遍世界各国多种文字版本的蓝本。我们现在看到的中文版，包括注释在内都是1941年本的中译本。它的优点就是论文和札记基本上是根据恩格斯为全书拟订的总计划草案主题编排的。

1925年《自然辩证法》出版后，在科学、理论界引起了强烈反响，此后，前苏联曾出版、发行过多种版本的《自然辩证法》，围绕着《自然辩证法》一书开展过各种学术活动，《自然辩证法》对前苏联的自然科学哲学问题的研究产生了巨大推动作用。

## 一、列宁、斯大林对自然辩证法的发展

19世纪末，无产阶级在世界舞台上发挥的作用越来越突出。资本主义条件下的生产力与生产关系之间的矛盾日益尖锐。人们对自然界的研究，已从宏观深入到微观世界，以牛顿力学为基础的经典物理学开始不适应时代的需求，在科学领域特别是物理学中电子、放射性物质的发现，引发了古典物理学向现代物理学的变革。列宁系统总结了恩格斯逝世以来自然科学取得的新成就，特别是物理学领域中的新发现，同第二国际修正主义、新机械论学派、马赫主义和物理学唯心主义及资产阶级哲学思潮展开激烈的斗争，写出了《唯物主义和经验批判主义》等著作，全面发展和丰富了恩格斯自然辩证法思想，把自然辩证法推向了一个新阶段。在自然辩证法理论的重大发展上，列宁厘清了科学的物质概念，发展了物质观，捍卫和发展辩证唯物主义的时空观。在未完成的哲学著作《哲学笔记》中，继承了马克思、恩格斯批判黑格尔哲学的工作，把研究自然界

发展的辩证规律性同批判机会主义结合起来，总结人类认识历史和反对机会主义斗争的经验，全面分析自然界和人类的两重辩证法，提出了认识论、辩证法和逻辑学相统一的思想，揭示了认识的辩证途径，为科学方法提供了理论前提，进一步充实了关于自然发展的辩证规律性学说。列宁在十月革命及社会主义建设中，在总结社会主义革命和建设经验基础上全面运用和发展了自然辩证法，同各种错误思潮和倾向作斗争。列宁在 1921 年哲学遗嘱和 1922 年《论战斗唯物主义的意义》中，号召马克思主义哲学家与自然科学家结成联盟。这种联盟实际上是无产阶级政党用辩证唯物主义世界观战胜资产阶级世界观的重要组织形式，既能促进马克思主义哲学的发展，又能指导和繁荣自然科学的研究，是对传统哲学和自然科学关系思想的新突破。列宁把科学技术问题同社会制度联系起来加以考察，比较了资本主义制度和社会主义制度下科学技术的社会功能，尖锐地指出在帝国主义条件下，科学技术发展的二重趋势，并论述在社会主义制度下必须充分利用科学技术的成就为建设社会主义服务。

斯大林在《无政府主义还是社会主义》《论辩证唯物主义和历史唯物主义》中提出了他的自然观、科学观、方法论，丰富了自然辩证法的思想宝库。苏联在社会主义建设时期的自然辩证法研究正处于世纪之交，自然科学革命向深度发展。其在政治、经济、文化、军事、思想各个领域都存在不和谐因素。各派政治力量的思想代表也力图从自然科学中提取有利于自己派别的论据，按照各自的世界观解释自然科学取得的新成就。此时，占主动地位的政治思想路线对自然辩证法的学科性质、内容和发展方向上具有决定性的影响，这决定了自然辩证法在苏联的早期传播特点和模式是以阶级政党思想为主导，苏联自然辩证法的中心课题都是围绕自然科学同哲学、政治的关系问题展开的。无论是在后面的机械论派与辩证论派之间的论战，还是在学派中开展肃反扩大化、反对简单倾向化、反对世界主义等，苏联自然辩证法发展之路是一条曲折的道路。

## 二、前苏联科学界、理论界对自然辩证法的研究与发展

苏联自然辩证法学界在自然辩证法研究上非常活跃，专家们主要围绕经典著作的翻译、基本理论研究、科学认识论、方法论和科学逻辑研究，科学学和新科技革命的研究以及概括自然科学成就来丰富和发展唯物辩证法，对世界特别是中国等社会主义国家从事自然辩证法研究产生了深远影响。以苏联著名的哲学家、科学史学家、化学家凯德洛夫为例，他广泛的兴趣爱好、孜孜不倦的钻研为后世留下了丰富的学术遗产，其研究成果在哲学领域覆盖了哲学史、方法论、逻辑学、自然科学哲学问题；在科学史领域包括对门捷列夫科学档案、化学史及科学史的研究；在科学学领域有科学分类学、科学技术革命理论、带头学科理论；早期在化学领域对吉布斯猜想、道尔顿原子论、乳胶黏度常数测定等问题也有较深的造诣。凯德洛夫于 1959—1960 年应邀访华，这是凯德洛夫对中国仅有的一次最为直接的影响。俄罗斯著名哲学家 B·H·萨多夫斯基认为，凯德洛夫为在国际上确立前苏联逻辑学和科学方法论研究的权威方面起了不可估量的作用，凯德洛夫提出的许多思想对唯物主义辩证法或科学史领域的研究产生了重要影响。

自 1951 年起，凯德洛夫等苏联自然辩证法学者的大量著作和文章被陆续翻译成中文。包括凯德洛夫在内的苏联学者为世界自然辩证法发展提供了多方面的研究课题和可供选择的发展方向。凯德洛夫对中国的影响呈现涉及学科多、涵盖领域广，分布不光停留在哲

学、自然辩证法领域，更扩散到科学学和化学领域，旁及科技史、心理学等领域，其独创性的辩证思维方式和研究方法成为中国自然辩证法界学习的典范。

苏联自然辩证法发展的近一个世纪，走过的是崎岖不平的道路，在如何处理政治与学术、科学与哲学的关系上积累了正反两个方面的经验教训，列宁的联盟思想在考验中得到广泛的支持并取得丰硕的成果。苏联自然辩证法研究和发展遵循列宁关于哲学党性原则，其发展规模和普及性都是其他国家无法比拟的，自然辩证法与实际结合紧密，较西方分析哲学更为注重综合，在与各种反马克思主义思潮的斗争中做出了贡献。

从1925年到1985年的60年的漫长历史，前苏联于1958年11月、1970年12月、1981年4月召开了3次全苏联自然科学会议。这3次会议是3个里程碑，标志着在前苏联自然辩证法从内容上不断扩展、丰富、深化，已经形成基础研究雄厚、门类齐全的科学体系。它涉及到科学技术发展所提出而又必须从哲学上加以探讨的诸多方面的问题。主要包括5个方面：

（1）自然辩证法的经典著作的编译、出版、研究。经过前苏联许多专家辛勤努力，马克思、恩格斯、列宁有关的自然辩证法的论著已全部出齐，并提供了完备的注释、索引，以数十种文字在全世界发行。前苏联也出现像凯德洛夫院士这样的著名专家，成果卓著。前苏联1973年出版了关于《自然辩证法》研究著作、1983年出版《唯物主义与经验批判主义》研究著作，凯德洛夫院士还领导一个小组撰写《二十世纪的自然辩证法》专著，作为恩格斯著作的续集。

（2）自然辩证法基本理论研究。前苏联对于一般科学范畴，如系统、结构、信息、同构、对应、互补、进化等进行了比较全面的研究，这些范畴比一般具体科学范畴高半个层次，比哲学范畴低半个层次，是沟通哲学与科学的桥梁，那就是自然辩证法研究的对象。对辩证的自然观、科学的世界图景、科学认识的逻辑学问题、科学发展的一般规律，科学发现的心理学与方法论等问题，也进行了较为深入的研究。前苏联还围绕自然辩证法理论体系出版了一系列的理论专著，1983年出版的《自然界和自然科学的辩证法》（五卷本）是前苏联自然辩证法理论研究中以康斯坦丁诺夫和伊利切夫为代表的代表作。另外，德波林著《唯物辩证法与自然科学》、勃·凯德洛夫著《论恩格斯〈自然辩证法〉》也是在世界上影响较大的论著。

（3）科学和新的科学技术革命的研究。前苏联注重对于科学和新的科学技术革命的研究，以及各种边缘科学，横断科学和整体性学科的研究。

（4）基础科学辩证内容的研究。前苏联开展了各门基础科学，包括数、理、化、天、地、生六大学科与工程技术各具体学科的辩证内容的研究，还提倡自觉运用辩证法指导科学研究与工程实践。在前苏联曾存在一大批懂得自然科学的哲学家和熟悉自然辩证法的自然科学家。

（5）概括新成就，丰富和发展唯物辩证法，建立崭新的自然辩证法理论体系。20世纪以来，科学技术突飞猛进地发展，航天技术开阔了人们的视野，许多前沿科学与尖端技术，向传统的观念提出挑战，必然推动哲学、自然辩证法向前发展。就前苏联而言，在20世纪70年代，虽然已经纠正了1936年以来，斯大林肃反扩大化，1947年到1952年的反对世界主义，把学术问题混同于政治问题、用哲学代替自然科学等"左"倾错误，但前苏联的自然辩证法研究所取得举世瞩目的成果，是世人公认的。当然，人们也不能不看到，到了 20 世纪的 70—80 年代，在前苏联依然存在保守、僵化与教条主义的束缚，依然存在批判德波林学派的负面影响。

## 第二节　自然辩证法在日本的发展

《自然辩证法》在前苏联出版 4 年之后，1929 年由加藤正和加左祐二郎合译《自然辩证法》上卷，在日本公开出版。在此之前，前苏联德波林著《唯物辩证法与自然科学》，佐野文夫翻译的恩格斯《费尔巴哈论》等专著，也在日本出版发行。这些经典著作在日本传播，首先吸引了日本一些著名的自然科学家学习，研究恩格斯的《自然辩证法》，并以此指导科学研究的实践，这对日本自然科学家确立辩证的自然观与科学的世界观、方法论，起到非常重要的作用。

随着恩格斯《自然辩证法》等经典著作传入，日本的学者专家围绕自然辩证法开展研究工作。他们就辩证法对于自然科学是否有意义、自然科学的阶级性、自然辩证法与形式逻辑关系等系列理论问题展开了深入的讨论。特别是 1935 年以后，经过学界的广泛的学习、宣传和争论、研究，总结和吸取苏联在批判德波林的过程中表现出来的简单化、片面化的教训后，开始形成有日本特点的自然辩证法研究，那就是侧重《自然辩证法》的"具体化"、"有效性"和"广泛性"进行研究。

首先，自然辩证法研究的具体化。日本学者认为，自然辩证法研究要逐步与各门具体自然科学特别是科学技术史的研究有机结合起来，自然辩证法研究要联系具体科学发展的实际，使自然辩证法研究日益具体化。冈邦雄在《唯物论研究会消息》第 4 号发表的《自然辩证法的新途径》中，首次提出"自然辩证法研究具体化"

的观点，尔后，日本的许多学者也积极赞成和贯彻日本早期提倡的自然辩证法研究具体化的思想，从而加深了日本对自然辩证法的研究。基本粒子物理学家坂田昌一是"自然辩证法研究具体化"的典型代表，他研究《自然辩证法》基本理论，撰写论文几十篇，汇集成册为《物理学与方法》，在日本被推为当代最高水平的《自然辩证法》论著。坂田昌一也正是运用自然辩证法理论指导自己的科学研究实践，而创立了坂田模型。

其次，自然辩证法研究的有效性。日本学者认为自然辩证法要在实践中指导自然科学发展并实现自然科学的社会功能，使自然科学对社会做出重大贡献。日本著名的物理学家川汤秀树在研究基本粒子理论时，紧紧把握住自然辩证法的核心，即自然界是普遍联系的、统一的思想，为理论物理研究找到正确思路。川汤秀树在1934年提出粒子力的介子场论，预言介子的存在；1935年发表"基本粒子相互作用"的论文，还同坂田昌一、武谷三男合作，对介子场论做出重大贡献。因而，川汤秀树、武谷三男由于对理论物理学贡献，成为亚洲最早获得诺贝尔奖的物理学家。

再次，自然辩证法研究的广泛性。20世纪20－30年代，日本自然辩证法研究的领域日益广泛，一些综合性的自然辩证法论文和著作公开发表。日本的藤井阳一郎指出："日本的自然辩证法的研究，在1935年前后，已经奠定了用自己的观点开展研究工作的基础。"[①]1935年成为自然辩证法在日本发展的分界点，1935年以前，自然辩证法研究科学哲学问题为主的自然辩证法方面的相关问题，而1935年之后，自然辩证法的研究在基于自然辩证法原理和注重发展史的

---

① 藤井阳一郎：《昭和初期自然辩证法的研究》《科学与哲学》1981年第3期。

基础上，开始涉及到科学政策、社会状况与科学精神、现代自然科学精神等多方面的综合性论著，而且论著的理论水平都达到较高的水平。由于自然辩证法在日本得到广泛传播，许多自然科学家与科技工作者都通晓自然辩证法，并在实践中运用。日本前物理学会会长宫原将平，是一位优秀的物理学家，也是一位精通恩格斯《自然辩证法》原著的理论专家。他写的"与恩格斯的虚拟会见记"，是一篇以虚构的对话形式，与恩格斯讨论《自然辩证法》的文章，对恩格斯原著中的重要观点，都谈出自己独到的见解。宫原将平先生还跟一位哲学家岩奇允胤合作，撰写了 20 世纪的《自然辩证法》，与恩格斯的原著衔接。

第二次世界大战之后，日本科学界、理论界抓住科学技术发展的大好时机，积极推进自然辩证法的研究。日本战败后，尽管人们对"文化国家"的理解不一致，但无论马克思主义者还是自由主义者，都认为建立文化国家的首要任务是振兴科学。1945 年后，自然辩证法工作者抓住全国重视科学研究的契机，也着手开展战后与科学技术紧密相关的自然辩证法研究，重点从事《自然辩证法》原著研究、建立新的自然观和科学技术论，自然科学方法论问题探讨、自然科学家与哲学家联盟、考察日本自然辩证法史等工作。战后日本自然辩证法的研究秉承了战前自然辩证法研究的传统，吸收前人成果，特别是基于日本自然科学最新成就开展研究，在日本科学技术界产生了良好的声誉，发挥了很好的良性连带作用。自然辩证法作为科学方法论，是从科学史研究的实践中总结出来的，在科学研究尤其是物理学的研究中发挥了积极的指导作用。其中，坂田昌一创立的二介子论、混合场理论、粒子的基本模型等都是基于自然辩证法为基础的武谷三男的三阶段论为背景产生的。此外，日本学者创造性地从科学技术的整体上展开科学论和技术论的研究，印证和充实了马克思主义的认识论。在日本，自然辩证法得到广泛的认可，参与者的数量、学术实力、积极性都得到显著提升。发展至今，日本自然辩证法发展的研究也有 80 多年的历史，各项研究得到显著发展，达到了国际较高水平。

## 第三节　自然辩证法在中国的发展

《自然辩证法》第一个中文译本是 1932 年出版，自然辩证法在中国的传播与发展经历了不同历史时期。

### 一、《自然辩证法》原著传入中国及其早期传播（1928—1948）

自然辩证法作为马克思主义哲学的组成部分，是十月革命后传入我国的。1928 年，由陆一远翻译恩格斯的《马克思主义人种由来说》（相当于《自然辩证法》中"劳动在从猿到人转变过程中的作用"部分篇章），拉开了中国人学习研究自然辩证法的序幕。尔后《自然辩证法》中的《反杜林论》旧序和导言分别被青锐、杜畏之翻译并载于不同刊物。1932 年，杜畏之翻译的《自然辩证法》完整的中译本在上海神州国光社出版发行。

随着自然辩证法的经典著作在上海相继被翻译、发行，为中国进步人士学习和研究自然辩证法提供了丰富的资源。一些进步的哲学社会科学工作者和自然科学工作者以自然辩证法作为枢纽，将自己的工作与革命斗争有机结合起来，在深入钻研苏联一些运用马克思主义自然辩证法观点的著作同时，结合自然科学史料的著作、文章，批判了时下一些错误的观点，做了大量宣传和普及马克思主义方法论和科学观的工作。

　　延安是抗战时期和解放战争时期中共中央所在地，是中国自然辩证法研究的发源地，中国共产党领导人及当时进步人士在延安倡导广泛学习"新哲学"，即马克思主义哲学。自然辩证法的学习研究工作伴随着这股学习哲学的浪潮，为适应革命需要及提高科技、教育、管理工作者的理论水平而逐步发展的。延安时期开展了一系列关于恩格斯《自然辩证法》学习探讨活动，1938 年，延安就有组织了自然辩证法研讨会，1939 年成立了自然辩证法研究会，积极倡导自然科学研究要面向社会实践，普及科学思想，服务于边区的建设。当时，延安出版的《中国青年》《新中华报》《解放日报》，多采用科学小品、科学故事、哲学讲话等通俗易懂的形式，宣传自然辩证法。

　　抗日战争爆发时期，中国共产党在重庆通过自然辩证法这个马克思主义与自然科学的结合点，向科技工作者传播马列主义。如当时重庆成立了"自然辩证法座谈会"，从事自然辩证法等马克思主义经典著作的学习，其中对自然科学思想史的研究成为重庆自然辩证法研究的一个代表性的实践。尔后陶行知创办的育才学校、中国科学工作者协会在白色恐怖下，继续开展自然辩证法的普及工作，直到全国解放。

## 二、自然辩证法在新中国成立初期广泛传播（1949—1955）

　　1949 年，中华人民共和国的成立，包括自然辩证法在内的诸多学科或领域，开始在相对稳定的环境中较快发展。新中国成立后，党和政府很重视科学事业的发展，解放不久就成立了中国科学院，并在其他机构和地区成立了不同的科学研究机构。全国尤其是知识界开展了结合实际，以学习社会发展史和自然发展史为重点的马克思主义学习运动。艾思奇、于光远等同志先后担任各级科学研究部门和高等院校的领导工作，他们将自然辩证法的学习和研究与党和国家发展科学技术路线紧密结合，发挥辩证唯物主义和自然辩证法的优势，不断凸显科学技术在建国初期以来社会现代化建设的重要作用。李四光、竺可桢等科学家在各大报刊撰写自然辩证法相关文章，宣传辩证唯物主义对我国科学技术发展的推动作用，号召广大科学工作者和学生参与到自然辩证法的学习和研究中来，努力学好自然辩证法，建设新中国。

1950 年 6 月，政议第一届全国委员会第二次会议闭幕词中，毛泽东提出了自我教育和自我改造的号召，进而引发了建国以来第一次规模宏大的马列主义教育运动。与自然辩证法有关的读本有《科学发展简史》和《思想方法论》等，其中《劳动在从猿到人转变过程中的作用》和《自然辩证法·导言》成为主要的学习材料，许多学者撰写了学习体会和理论文章。

1951 年后，毛泽东的《实践论》《矛盾论》相继发表，在自然科学工作者中又刮起一股学习辩证唯物主义哲学的新风。在政协第一届全国委员会第四次会议上，毛泽东发出了向苏联学习的号召，我国科学界通过多种渠道学习苏联的先进科学技术，自然辩证法工作者也紧随翻译了更多苏联有关自然辩证法基本理论及自然科学中哲学问题研究的著作。

### 三、"向科学进军"迎来自然辩证法研究加速发展（1956—1965）

1956 年是我国各项社会事业大发展的一年，对于自然辩证法发展而言，是一个历史的转折点。1956 年，三大改造基本完成以后，我国进入了社会主义建设的新时期。以毛泽东为核心的第一代中央领导集体把我国发展的战略目标定位于建设成为现代化的社会主义强国，提出在科学技术方面要迎头赶上世界先进水平，实施"向科学进军"战略。1956年2月，国务院制定"十二年（1956—1967）科学发展远景规划"，将自然辩证法纳入到哲学社会科学研究规划的组成部分，逐步规划实现哲学和自然科学工作者之间的联盟。同年，中国科学院哲学研究所自然辩证法研究组成立，解放后第一个专门的自然辩证法刊物《自然辩证法研究通讯》正式出版发行。中国科学院和高等教育部联合召开了遗传学座谈会，是该规划提出后自然科学方面的第一个国家级会议，对正确处理哲学和自然科学之间的关系，促进我国科学事业和自然辩证法发展都发挥了重要作用。

坂田昌一是日本优秀的物理学家，他有关基本粒子新概念的文章得到毛泽东的关注，在毛泽东的推荐下，于1965年第6期《红旗》上刊登了他这篇文章，这是对广大科技工作者和自然辩证法工作的肯定与鼓舞。1964年，我国出现了新的技术革新高潮，随之而来的是全国轰轰烈烈学习毛泽东"两论"和自然辩证法，以指导社会化大生产与科学实验，其中大庆油田的成功开采和学界层子模型的提出，都表明自然辩证法开始为科技工作者成功运用。

1956年以来，我国自然辩证法学习和研究领域不断拓宽，由对自然辩证法基本原理和自然科学中的哲学问题研究，扩展到工业、农业、医学中的辩证法，技术革命和生产实践中的辩证法问题。《自然辩证法》成为学习毛泽东哲学著作的一个重要组成部分，自然辩证法工作者陆续开始了关注科技领域，不断总结生产实践经验，"理论联系实际"从呼吁走向实践，我国的自然辩证法研究在拓展领域中快速前进，步入加速了发展期。

十年"文革"，十年动乱，对于我国自然辩证法的发展来说，也是一场厄运浩劫。"文化大革命"（1966—1976）中中国自然辩证法的发展处于停滞甚至是倒退的状态。

## 四、改革开放迎来自然辩证法研究繁荣的春天（1978—）

1978 年中国迎来了科学的春天，也迎来自然辩证法发展的春天，自然辩证法从此步入了它繁荣发展的时期。1978—1980 年间，在中国自然辩证法研究会筹委会的领导下，全国各省市自治区科委和科协的协助下，全国已有 27 个省市自治区建立了自然辩证法研究会或者筹委会。教育部批示为理工农医研究生开设自然辩证法课程，中央党校及部分高校也开办了自然辩证法理论班和师资班。一些大专院校、科研单位、企业等基层单位及一些省属市、地区、县陆续建立了自然辩证法研究机构，高等学校也纷纷建立自然辩证法研究所（教研室），从事自然辩证法教学和科研人员及兼职工作者数万人。自然辩证法研究与发展逐步深入，在研究会下设立了生物学、医学、农学、心理学、化学、数学、方法论、科技史、科技情报等开展学术研究活动的专业组。全国学习和宣传自然辩证法的刊物就有 20 余种，自然辩证法的学术活动活跃于工业、农业、军事、科技、教育、医学、城建等各个领域，为百废待兴的现代化建设事业和改革开放拨乱反正、正本清源都发挥了重要作用。正是这种良好的发展态势，吸引了不同学科、不同层次，在不同的领域的人开展自然辩证法研究、教学和社会服务工作，呈现了学科发展的繁荣态势。先后批准了一大批自然辩证法（科学技术哲学）硕士、博士学位授予单位。面对改革开放和现代科学技术革命的新情况、新问题，自然辩证法要走出国门，西方科学哲学、技术哲学等也要走进来，为了便于开展国际交流，有学者提议用"科学技术哲学"的名称与国际接轨。但是考虑到"科学技术哲学"与"自然辩证法"两者研究的对象虽然相同，都是科学技术的发展规律及其与社会的关系，而研究的立场、观点与理论是有原则区别的，自然辩证法学界同志从老一辈无产阶级革命家到新成长的教师队伍，长期坚持马克思主义的学术传统，为区别国外与国内两种不同的研究传统起见，建议采取科学技术哲学（自然辩证法）的方式，它的含义是：对国外用"科学技术哲学"作为学术交流与对话的平台；在国内用"自然辩证法"，表明我们有自己独立研究的观点、理论和方法。1987年初，该建议经国务院学位委员会的评议通过，专业名称采取了科学技术哲学（自然辩证法）的方式。

自然辩证法学科建设和研究发展是在一个开放的空间内进行的，在改革开放30多年的发展历程中逐渐提出和形成了一个"科学群"的思想。进入20世纪90年代，于光远提出自然辩证法是一个"科学群或科学部门体系"；一方面"作为对自然界的一般规律和自然科学方法论的科学论述的自然辩证法同历史唯物论处于并列的地位，它也是辩证唯物主义的应用和证明"，这是"狭义的自然辩证法"。另一方面，自然辩证法作为科学群或科学部门"是具有马克思主义的特色或色彩的诸科学部门的总称"，带有哲理性质，但"其中包括许多不属于哲学的科学部门"。同期，在龚育之关于我国自然辩证法研究"特色"的概括中也指出：自然辩证法不仅研究"天然的自然"，而且研究"人工的自然"，由此促进哲学、自然科学、技术科学和社会科学各部门的广泛交叉和结合；而且"着眼于同实际的联系，包括自然科学和技术研究的实际，科技工作政策、规划和管理的实际，科学、技术和经济、社会协调发展的实际，以服务于我国物质文明和精神文明的社会主义现代化建设。"作为一个学科，自然辩证法从哲学、史学、社会学乃至政治学、文化学、传播学诸多角度以及这诸多角度的融合贯通中，对科学技术的活动和发展进行学术研究，深化和繁荣关于天然自然和人化自然的认识，并在学术繁荣和进步中不断加强相应的学科建设。从 1981 年起，由中国科学院主办的《自然辩证法通讯》杂志增加了一个副标题："关于自然科学的哲学、历史和社会学的综合性、理论性杂志"，2004 年以来又进一步将副标题改为"关于自然、科学、技术的跨学科研究和多维度透视的综合性学术刊物"，表现着关于自然辩证法学科建设发展的新探索和新认识。此外，由中国自然辩证法研究会主办的《自然辩证法研究》杂志的副标题是"自然哲学、科学哲学、技术哲学、科技与社会"，由山西大学主办的《科学技术与辩证法》也将副标题定为"科学技术哲学、科学技术史学、科学技术与社会"，这些也表明不能把自然辩证法局限于科学技术哲学，科学方法论、科学技术史、科学技术社会学、科学学与科技政策、科技管理等的基础理论研究都属于这个"学科群"。

进入新世纪，自然辩证法学科创新的呼声日渐高涨，有学者认为应该把自然辩证法更名为"科学技术学"（Science and Technology Studies），并且由哲学的二级学科上升为一级学科，认为"这是历史的启示，学理的引导，也是现实的需要"。在 20 世纪 80 年代把"自然辩证法"学科调整为"科学技术哲学"是在自然辩证法学科建设中所进行的第一次调整。其结果使得自然辩证法的学科性质和地位得到了确定，使其在与国际接轨的过程中获得新发展。然而，这种调整又具有一些局限性和负效应。进入 21 世纪，应该进一步把"科学技术哲学"调整为"科学技术学"，实现自然辩证法学科建设的第二次调整。把"科学技术学"定义为"是一门以研究科学技术为主要对象，从总体上研究其存在与发展规律，并以协调人与自然的关系，促进科学技术和社会可持续发展为主要目的的具有交叉、综合性质的学科"。从严格的意义上说，科学技术学既不属于自然科学类，也不完全属于管理科学类、人文及社会科学类，而是属于介于其间又不能被它们所囊括的相对独立的交叉、综合科学类。总之，科学技术学是集这些学科的特点及性质于一体的学科群。它不是任何学科的二级学科，而只能是一门相对独立的一级学科。当然，上述观点也只是一家之谈，并不能代表自然辩证法的未来发展方向。中国的自然辩证法事业与时俱进，与中国特色社会主义的建设事业相伴，随着科学技术的重大发展和进步，必然不断地创新内容和改变形式。

总之，从 1932 年恩格斯的《自然辩证法》传入中国开始传播，到 20 世纪 50 年代，伴随着"向科学进军"战略的确定，中国自然辩证法的研究也随之步入加速发展期。"文革"期间，中国自然辩证法扭曲发展，直到 1978 年才迎来它的繁荣发展。至今，中国自然辩证法的研究发展已有 80 多年的历史。

## 第四节 自然辩证法是一门新兴的学科

### 一、《自然辩证法》原著演变成为一门新兴学科

目前，自然辩证法已经成为从恩格斯的原著演变、发展起来的一门新兴学科。但作为自然辩证法的研究领域，是恩格斯与马克思共同开创的，列宁又有所发展的。当然，这是由他们共同留下的相

关原著定论的。马克思的《数学手稿》是研究数学辩证法的典范。《资本论》本身就充满生动的辩证法，是我们学习辩证法的重要原著。恩格斯的《自然辩证法》《费尔巴哈论》《反杜林论》，列宁的《唯物主义与经验批判主义》《哲学笔记》等，都是我们学习、研究自然辩证法的不可绕过的经典著作。在这些经典著作的基础上，发展成为一门独立的新兴的学科。

### （一）自然辩证法的研究对象

任何一门学科之所以能够成为一门独立的学科，就是因为它有特定的研究对象，自然辩证法作为一门独立的学科当然也不例外。

整个世界的历史，可以划分为自然史和人类史。自人类在自然界中诞生以后，人类社会的历史就开始了。纵观社会发展史，人类的一切文明都是建立在它改造和利用自然的社会实践基础上的。事实上，人类与其他动物之间的最根本的区别就在于：人类依赖于其自身改造和利用自然界的实践活动为自己的生存提供生活资料，并为自己的发展奠定物质基础；而其他动物都依赖于其自身的本能来维持自己的生存。正是在这种意义上我们说，人类与自然界之间的关系是在实践基础上的一种认识与被认识、改造与被改造、利用与被利用的主客体关系，而其他动物和自然界之间则完全不存在这种主客体的关系，因为从本质上讲它们本身就是自然界的一部分。不过，人类和其他动物在生存方式上有一点却是共同的，那就是它们都必须从自然界中获取维持其生存所必需的物质资料。

由于人类的生存及其发展都要依赖于自然界，自然界的一切变化与人类社会息息相关，因此认识自然界就成了人类一项必须完成的紧迫任务。而人类改造和利用自然界的实践活动是一种有意识、有目的的活动，为了使这种活动能够达到"事半功倍"的效果，人类在长期的实践活动中逐渐发明了科学技术。当科学技术成为人类改造和利用自然界的一种主要手段，从而成为推动人类社会进步的强大动力时，科学技术本身的性质、功能以及发展规律就成了人类所关心的一个重大课题。此外，人类认识自然界这一活动本身也必须达到"事半功倍"的效果，即如何才能更准确、更有效地认识自然界也是人类所要解决的一个问题。

这样一来，自然辩证法作为马克思主义理论的一门分支学科，就是从人与自然界的关系出发，运用马克思主义的基本观点，来考察作为客体的自然界，作为主体的人的认识和实践活动，以及作为中介的科学技术，这便构成了自然辩证法的三部分研究对象：

第一，自然界存在、演化的一般规律以及人与自然界的关系，即自然界的辩证法。

第二，人类认识自然和改造自然的一般方法，即科学技术研究的辩证法。

第三，作为一种认识现象和社会现象的科学技术发生和发展的一般规律，即科学技术发展的辩证法。

自然辩证法的研究对象是随着科学技术的进步和社会需要的发展而不断丰富和发展的。

## （二）自然辩证法的学科体系

《自然辩证法》原著，在中国先后有 5 个译本，但书名都是统一的一个。这从总的方面来说，大家的理解还是一致的，没有异议，但从原著进一步发展成为一个独立的新学科的时候，分歧就出现了。第一种观点认为，自然辩证法作为一个独立的学科，它已经远远超出恩格斯的经典论述，它应该是一个广义的大交叉学科，包括或涉及自然科学与工程技术诸多学科。用于光远话说，自然辩证法是一个学科群。第二种观点，认为自然辩证法是科学与哲学的混血儿。

以上两种观点都超出恩格斯在经典著作中的论述，当然这也是现代科学技术发展的特点和趋势的必然。所以，在这些理解与认识的基础上，发展起来的自然辩证法的学科体系，也一定突破历史的局限。最后在中国比较统一的自然辩证法的学科体系包括总论和分论。总论包括自然观、科学观、方法论；分论包括六大基础学科（数、理、化、天、地、生）辩证法。

自然观，这是自然辩证法学科的理论基础。运用马克思主义哲学，科学地阐述自然界辩证实质的根本观点。这也是恩格斯原初的本意。

科学观，阐述现代科学技术发展的特点与趋势、科学技术是第一生产力等根本观点。这些都是自然辩证法的科学观。马克思、恩格斯从开始就十分重视科学技术的每一新发现。1859 年达尔文的《物种起源》问世不到 20 天，恩格斯就写信给马克思说："我现在正在读达尔文的著作，写的简直好极了。目的论过去有一个方面还没有被驳倒，而现在被驳倒了。此外，至今还从来没有过这样大规模的证明自然界的历史发展的尝试，而且还做得这么成功。"马克思同恩格斯一样，也十分重视达尔文的研究的意义，并主动地把《资本论》第一卷寄给达尔文。李卜克内西在回忆中曾说："马克思是最先了解达尔文的研究的全部意义的人物之一。"所以说，科学观是马克思、恩格斯开创的自然辩证法研究领域的重要观点。

方法论，泛指科学研究的方式、方法的总和。在自然辩证法的总论中，不能缺少方法论。具体说，就是控制论、信息论、系统论。

也就是人们常说的"三论"。在中国的第一本《自然辩证法讲义》的总论中，方法论就是讲这"三论"。可是随着科学技术的发展，科学研究的方法也要发展，有人又提出新"三论"，那就是量子论，协同论，耗散结构论。

分论，也称个论，是指数、理、化、天、地、生六大基础学科的辩证法。当年，第一本《自然辩证法讲义》编写的同时，六大基础学科的辩证法，也配套出版、发行。当然，人们很快就注意到，在分论中，除六大基础学科外，还应包括工程技术的辩证法。

### （三）自然辩证法的学科性质

自然辩证法属于哲学门类，是马克思主义理论的重要组成部分。

自然辩证法的哲学学科性质是由其自身的研究对象所决定的。首先，自然辩证法所研究的是自然界存在和演化的一般规律，它不研究自然界某一层次或某一领域中的特殊规律，因此它具有自然哲学性质，而不具有自然科学的性质；其次，自然辩证法所研究的是人类认识自然界的一般方法，如观察、实验、归纳、演绎、数学方法等等，它不研究人类认识自然界的特殊方法，如光谱分析法、理疗法、滴定法、离心力分离法等，因此它具有认识论和方法论的双重性质，而认识论和方法论都属于哲学层次；再次，自然辩证法所研究的是科学技术的本质、功能及其发展规律，因此它具有科学哲学和技术哲学的性质。所以说，自然辩证法明显地区别于科学和技术的各门具体学科，具有哲学性质。

不过，与马克思主义理论的其他内容不同的是，自然辩证法由于其研究对象是自然界和科学技术本身，因此它与科学技术的联系更为密切和直接。无论是从理论上还是从实际情况看，自然辩证法都属于马克思主义理论与科学技术之间的中间层次，是马克思主义理论与科学技术之间联系的桥梁与纽带。马克思主义理论、自然辩证法和各门科学技术学科之间是普遍、一般和特殊的关系。因此，一方面，马克思主义理论通过自然辩证法为我们认识自然界和进行科研活动提供世界观和方法论的指导；另一方面，科学技术的最新成果和科学技术方法的革新也通过自然辩证法充实和丰富到马克思主义理论体系中，使之能够随着时代的发展而发展。

自然辩证法既然处于马克思主义理论和科学技术之间的一个中间层次，那么它必然同时受到马克思主义理论和科学技术的双重影响。马克思主义理论对自然辩证法的影响主要表现在，自然辩证法关于自然界和科学技术的理论都建立在马克思主义基本观点上，都受马克思主义理论的指导；而科学技术对自然辩证法的影响则主要表现在，随着科学技术的不断发展，随着人类认识自然界的范围越来越广，层次越来越深，随着科学技术对社会的推动作用越来越明显，自然辩证法的研究内容、研究重点、研究取向、体系结构也必然会发生相应的改变。这就是说，尽管自然辩证法属于哲学性质，但它的研究必须以科学的实证研究为基础，必须根植于科学，否则，它就会成为无源之水、无本之木。

在马克思主义理论体系中，自然辩证法与历史唯物主义相互补充，密不可分。自然辩证法是马克思主义关于人类认识和改造自然界的成果，即自然科学和技术的理论成果的概括和总结；历史唯物主义则是马克思主义关于人类认识和改造社会的成果，即社会科学和人文科学理论成果的概括和总结。而人类认识和改造自然与认识和改造社会是紧密联系在一起的。所以，自然辩证法和历史唯物主义也是统一的。当然，二者也有区别，其区别就在于，自然辩证法研究自然界和人与自然界的关系，而历史唯物主义则研究社会和人与人之间的关系。

自然辩证法也具有交叉学科性质。自然辩证法作为联系马克思主义理论与科学技术的纽带，反映了哲学与具体科学技术的交叉。同时，自然辩证法不仅研究自然界，而且研究人和自然的关系以及这种关系在人的思维中的反映和在人类社会中的展开与发展过程，反映了自然科学、技术科学、思维科学、社会科学的交叉。因此，自然辩证法具有交叉学科性质。这种哲学与科学技术的交叉，正体现了现代社会中社会科学与自然科学的汇流趋势，自然辩证法的深入发展，必将进一步推动社会科学与自然科学的汇流，有助于人们更全面正确地把握自然界和人类社会的发展。

## 二、学习自然辩证法的意义

我们的时代，正处于一个伟大的转变时期。"非常值得注意的是科学自身也在转变之中"，并且正是科学的转变深刻地影响着时代的转变进程，所以人们都把科学看作一种希望。科学家们也更加自觉地"追随我们时代的主要潮流，并把时代的发展、变比和向前的趋势反映到科学之中。"整整一个世纪以来，经典力学经历了一场深刻的革命，已经突破了它几百年来所遵循的古典决定论的、精确的和解析的传统。如果说在 19 世纪以进化论的创立为标志，生物学首先发展为一门演化的科学的话，那么 20 世纪尤其是近几十年的科学进展——关于基本粒子的复杂性的发现，关于早期宇宙演化的宇宙学的建立，关于非平衡的、相干的、一致的结构的研究——使物理学和化学也已发展成为演化的科学。科学本身的发展正在改变着我们对自然界的看法，也改变着科学关于平衡与非平衡、有序与无序、可逆与不可逆、对称与非对称、进化与退化、渐变与突变、简单性与复杂性、精确性与模糊性、系统与要素、结构与功能等一系列最基本的观念。在这一过程小，自然科学的发展不但没有远离哲学，而且在自然观、认识论和方法论方面都提出了越来越多的问题需要在哲学认识层次上加以认真的研究。处于科学前沿的理论自然科学家们，也不能不对这些问题进行严肃的哲学思考。这样，对自然辩证法的研究，就不是游离与科学发展之外，更不是强加于科学研究之上的什么多余的东西。而是自然科学本身发展的一种需要。

20 世纪科学技术的高度发展和广泛应用，一方面导致了许多积极结果，实现着人们利用科学造福于社会的理想；另一方面也带来了不少未曾预料的消极后果，引起了诸如在环境、生态、资源、人口、粮食等方面所产生的一系列全球性问题。被科学技术不断扩大着的人对自然界的影响，已经超过作为一个自然系统的地球的自我调节和所能承载的界限。人类把越来越强大的科学技术手段用于社会，其广泛而深刻的社会影响更难以为人们所预料。于是，几个世纪以来一直被人们所尊崇的理性与自然的和谐似乎已经破裂，代之而起的是两种对立的思潮：一种认为科学技术的进步是一个用计划和控制的世界来扫除习俗和无知的世界的有益过程；一种认为科学技术使人间自然，并同自己的本质相分离，它以对人本身的侵犯代价去征服自然，以内部的精神的丧失为代价去换取外部的物质的满足。在这种情况下，我们不能不认真地进行反思：人类在自然界和社会面前，以及在科学技术发展面前，到底获得了多大自由？而为了扩大人类活动的自由度，我们就得更多地认识必然。为了更充分地理解自己行动的意义和后果，理解由于这种行动将给周围世界带来的变化，我们就得更深刻地把握和更自觉地遵循科学技术发展的客观规律。所以对自然辩证法的研究、对于真正实现人和自然的协调发展以及科学、技术与经济、社会的协调发展，都是绝对必需的。

"科学是一种在历史上起推动作用的、革命的力量"现代科学的发展、已经完全证实了这一论断。在当今世界上，新的科学革命正在引起新的技术革命，新的技术革命正在引起社会生产力的巨大飞跃和社会经济结构的剧烈变革。以致生活环境、职业性质、文化教养迥然不同的人们都同样深切地感受到科学技术的力量和价值；不管西方学者还是东方学者都同样把科学技术视为经济发展和社会进步的决定性因素；不论发达国家还是发展中国家都同样在它们所面临的战略选择中把科学技术的发展置于首要地位，与此同时，科学技术本身也已发展成为庞大而复杂的社会建制，它又与经济、政治、文化、教育等各种社会要素发生和发展着极为密切的联系，因此它的发展也在越来越大的程度上受到社会为它提供的条件和环境的制约。在这种情况下，我们要更加自觉地推进科学技术的发展，并通过它的发展来推动经济发展与社会进步。要做到这一点，就不仅需要更加深入地研究科学技术发展的内在规律，而且必须更加深入地研究它在社会发展的规律、包括科学技术的发展如何转化为经济、社会发展的机制。因而，自然辩证法关于科学技术观的研究，也就具有了特别突出的意义。

目前，自然辩证法已经成为一门学科和一门课程，学习自然辩证法，对全面深刻理解马克思主义理论，正确认识科学技术的本质及其与社会之间的关系，自觉地灵活运用各种科学方法进行科研活动具有重大意义，而且对丰富马克思主义理论，促进科学认识论和方法论的发展，制定我国科技发展战略，也具有重大理论价值。

首先，通过自然辩证法的学习和研究，可以为科学工作者的研究活动提供理论指导。科学研究是一种对未知世界的探索活动，为了保证这种探索活动朝着正确的方向进行，能尽最大可能地获得预期的成功，科学家在一开始就必须用某种信念或猜测为他的研究活动定向，为他的研究活动提供指导。不言而喻，这种信念或猜测就是某种哲学思想或由某种哲学思想派生而来。正是在这种意义上，恩格斯指出："不管自然科学家采取什么样的态度，他们还是得受哲学的支配。"（第 187 页）法拉第之所以痴心不改地寻找磁生电的方法，是因为他坚信自然现象应当是统一的，既然电能生磁，那么磁就一定能够生电；门捷列夫之所以费尽心血寻找化学元素之间的规律，是因为他认为元素的性质和原子量之间肯定有联系，元素的化学性质之间必定存在某种规律，而如果化学元素之间不存在什么联系或规律，那将是不可思议的。此外，哲学还为科学提供基础。"一切本义上的自然科学都需要一个纯粹的部分，在它上面可以建立起理性在其中所寻求的无可置辩的确定性。"[①] 在康德看来，这个作为基础的纯粹部分唯一地是作为形而上学（metaphysics 的原义）的哲学。所以说，自然辩证法作为科学哲学和技术哲学不仅可以为科学研究活动导向，而且还可以为科学本身提供理论基础。

其次，通过自然辩证法的学习和研究，可以为科学工作者的研究活动提供方法论工具。众所周知，做任何事情都必须讲究方法，方法对头可以达到事半功倍的效果，方法不对则事倍功半，科学研究活动同样是如此。据说有一个青年，请求爱因斯坦介绍他在科学上获得巨大成功的"秘诀"，爱因斯坦就在纸上写了一个公式：$A = X + Y + Z$，并解释说，$A$ 代表成功，$X$ 代表艰苦的努力，$Y$ 代表正确

---

① 康德：《自然科学的形而上学基础》，三联书店 1988 年版，第 4 页。

的方法，而 Z 则代表少说空话。从这里我们不难看出，正确的方法对科学研究来说是多么重要。纵观科学史，由于方法运用得当，在科研中取得极大成功，从而推动了科学的进步和由于方法运用不当，从而与重大的科学发现失之交臂的例子屡见不鲜。正如恩格斯所说："从偏斜的、片面的、错误的前提出发，循着错误的、弯曲的、不可靠的道路行进，往往当正确的东西碰到鼻子尖的时候还是没有得到它。"① 那么我们如何才能系统地学习到并灵活运用科学方法呢？很显然，最佳途径就是认真学习和研究自然辩证法。因为科学技术方法论作为自然辩证法理论体系的一个重要组成部分，它不仅系统地论述了科学技术的一般方法，而且还讨论了它们的特点及主要适用范围。

再次，通过自然辩证法的学习和研究，可以丰富和发展马克思主义理论特别是其哲学理论体系。马克思主义哲学作为适用于自然界、社会和人类思维的最一般的发展规律的科学，是在自然科学对自然界的认识、社会科学对社会的认识和思维科学对思维的认识的基础上总结和概括出来的，它必须随着这些科学的发展不断丰富、更新自己的内容并改变自己的形式。当代科学技术的发展为自然辩证法的研究提供了大量科学事实和科学成果，自然辩证法必须从当代迅速发展的科学技术中吸取营养，促进自身的发展。而作为马克思主义理论与科学技术之间的纽带的自然辩证法研究，必将在丰富和发展马克思主义理论过程中起到重要作用，使马克思主义理论真正成为时代精神的精华。如果自然辩证法的学习和研究被冷落，马克思主义理论联系科学技术的纽带就会被阻断，马克思主义哲学的

---

① 《马克思恩格斯选集》第 4 卷，人民出版社 1995 年版，第 341～342 页。

发展就会失去最重要的基础。

最后，通过自然辩证法的学习和研究，可以为制定我国科学技术发展战略提供理论指导。20 世纪科学技术的高度发展和广泛应用，使人们越来越清醒地认识到，科学技术是一把双刃剑：它的运用一方面促进了人类改造和利用自然界、创造新的自然界的能力不断增强，从而给人类带来了越来越多的物质财富和精神财富，实现着人们利用科学技术造福社会的理想；但另一方面也给人类带来了许多意想不到的消极后果，甚至造成了灾难，诸如环境污染、生态危机、资源短缺、人口爆炸等一系列全球问题的出现就充分说明了这一点。在这种情况下，我们不能不进行反思：人类运用科学技术来改造、利用和创造自然界究竟能够达到多大的自由？在这条道路上人类究竟能够走多远？人类最终是不是会被科学技术所造成的灾难所毁灭？对事关人类前途和命运的这些问题的回答要求我们必须更深刻地把握和更自觉地遵循科学技术发展的客观规律，必须增强对运用科学技术所带来的各种不良后果的预见性，必须尽可能发挥科学技术的积极作用，推动社会进步，并尽可能地抑制和消除科学技术运用过程中所产生的消极后果。要做到这一点，我们就必须制订科学技术发展战略和发展规划，制定正确的科学技术方针、政策和法规，以真正实现人和自然界的协调发展以及科学、技术与经济、社会的协调发展，而自然辩证法恰恰可以为此提供理论上的指导。

## 第五节 《自然辩证法》的当代意义

恩格斯的《自然辩证法》提出一种以自然、人、实践的辩证统一关系为视角来认识、理解人类历史，是自然史和人类史的辩证统一。恩格斯认为，科学考察历史的唯一正确的方法是从现实的、有生命的个人本身出发，而唯心主义历史观特别是黑格尔和青年黑格尔派的唯心主义历史观"总是遵照在它之外的某种尺度来编写的，现实的生活生产被看成是某种非历史的东西，而历史的东西则被看成是某种脱离日常生活的东西，某种处于世界之外和超乎世界之上的东西。这样，就把人对自然界的关系从历史中排除出去了，因而造成了自然界和历史之间的对立"。① 而唯物史观则认为，"全部人类历史的第一个前提无疑是有生命的个人的存在"。② 则没有现实的人，也就没有历史。对于有生命的个人存在，恩格斯区分了两个方面的关系：一是人与自然的关系。它是客观的自然基础。二是人与动物的区别。人具有能动性，不是消极地去适应自然，而是通过实践积极地改造自然，获取物质生活资料。恩格斯将实践作为区分人与动物的根本点，一方面从逻辑上承认自然对人的优先地位；另一方面从经验上证实了自然既是人实践的对象又是实践的产物。在人类历史上，人类历史发展的基本条件是由自然、人、实践的辩证统一关系构成。"在这里，存在着一个传统辩证法视角没有真正触及的辩证法：人类活动范围的扩大，并不表现为自然的退缩，而且同时就是自然的进攻，正是由于这种辩证法的存在，人类每取得一点进步，不仅让我们更清晰地意识到自然界限的存在，而且使我们更加直接地承担自身活动的后果。"

恩格斯从自然、人、实践的辩证统一关系为视角研究人类历史，实现了自然史和人类史的结合。"我们仅仅知道一门唯一的科学，即历史科学，历史可以从两方面来考察，可以把它划分为自然史和人

① 《马克思恩格斯文集》（第1卷），北京人民出版社2009版，第545页。
② 《马克思恩格斯文集》（第1卷），北京人民出版社2009版，第519页。

类史。但是这两个方面是不可分割的；只要有人存在，自然史和人类史就彼此相互制约。"① 人通过实践认识自然、改造自然，人的物质生产实践是自然和历史联系的中介、基础，自然史和人类史有机地结合在一起，逐渐达到现实的统一。在实践中，自然史和人类史的统一更多地体现在人们对自然的报复的认识和把握上。

恩格斯的《自然辩证法》具有生态意义。在人类社会的早期就已存在自然在人类的过度干预下出现的生态失衡和自然的报复，这更多与人类对自然规律的认识欠缺相关联。恩格斯指出，人的实践在自然打下人的印记，改变了自然的原始状态。"我们不要过分陶醉于我们人类对自然界的胜利，对于每一次这样的胜利，自然界都对我们进行了报复。每一次胜利，起初确实取得了我们预期的结果，但是往后和再往后却发生完全不同的、出乎预料的影响，常常把最初的结果又消除了，因此我们每走一步都要记住：我们决不像征服者统治异族人那样支配自然界，决不像站在自然界之外的人似的去支配自然"②。自然的报复不仅仅是一个认识问题，更是一个实践问题。恩格斯从人类史和自然史的统一中批判了资本主义社会中环境污染现象，揭示了人与自然不和谐关系形成的根源，指出了构建人与自然和谐关系、解决生态恶化的途径。自然与人类史就在这种既相互独立，又相互依存、相互作用中彼此发生变化，形成了"自然的历史"和"历史的自然"，从而构成人类的生态环境。这在理论上构成了自然与人类史的生态存在论的层次。在辩证法作为资本主义社会形态下的一定人们的活动的意义上，自然与资本主义生产方式之间建立了特定的关系。恩格斯认为，人与自然关系的不协调，

① 《马克思恩格斯文集》（第1卷），北京人民出版社2009版，第516页。
② 《马克思恩格斯文集》（第9卷），北京人民出版社2009版，第560页。

其根源在于人与人的关系的不协调。人与自然关系的和解需要通过对人与人关系的调整来控制，人与人关系的不合理必然会引起人与自然关系的恶化和破裂。只有把人从动物中提升出来成为自然界的真正主人、从异化劳动中提升出来成为社会的主人，才能真正实现人类与自然界和人类本身的和解。恩格斯看到了生产方式和社会制度既以人与自然的关系为基础，又反映着人与人之间的社会关系，同时也制约和规定着人与自然的关系。资本主义私有制及其生产方式必然"扰乱"人与自然之间的关系，破坏了人与自然之间的和谐统一，导致生态危机。恩格斯明确提出："要消灭这种新的恶性循环，要消灭这个不断重新产生的现代工业的矛盾，又只有消灭工业的资本主义性质才有可能。只有按照一个统一的大的计划协调地配置自己的生产力的社会，才能使工业在全国分布得最适合于它自身的发展和其他生产要素的保持或发展。"只有通过城市和乡村的融合，资本主义工业造成的空气、水和土地污染才能排除，"但是要实行这种调节，仅仅有认识还是不够的。为此，需要对我们的直到目前为止的生产方式，以及同这种生产方式一起对我们的现今的整个社会制度实行完全的变革。"① 人类将在一种有计划的生产和分配的自觉的社会生产组织中实现提升，"一个新的历史时期将从这种社会生产组织开始，在这个时期中，人自身以及人的活动的一切方面，使以往的一切都黯然失色。"② 人与自然、人与人将实现和谐发展。

　　恩格斯对自然问题的研究融于对人类社会存在发展及其规律的探索之中，使自然界和人类社会两大领域的研究互相衔接，形成整体。人类历史是在人与自然的相互关系即人的物质生产实践中得到

①　《马克思恩格斯文集》（第 9 卷），北京人民出版社 2009 版，第 561 页。

②　《马克思恩格斯文集》（第 9 卷），北京人民出版社 2009 版，第 560 页。

发展的，人类历史的进步要依赖于人对于自然界的认识、利用和改造。自然界是人道化的自然界，人是社会的和自然的人，离开人的自然辩证法是荒唐的。恩格斯的自然辩证法承认自然的优先地位、人的主体地位、实践的中介作用，将自然辩证法和人的辩证法密切联系在一起，既遵从唯物主义的世界观，又注重探讨人及其实践与自然之间的双向互动作用，是人和自然界、主体和客体的辩证法。恩格斯的《自然辩证法》的核心在于维护和发展历史唯物主义，为人类正确认识自然、改造自然，真正摆脱自然界对人的奴役提供理论指引。只有承认并尊重自然辩证法，并在其指导下充分发挥人的主体性，才能对自然和历史有统一的理解和把握，推动历史前进，实现人类解放。那些对恩格斯的《自然辩证法》的责难忽视了对辩证法唯物主义前提的分析，割裂了自然史和人类史的统一关系，是对恩格斯的《自然辩证法》的片面理解。

当代是人类历史上一个前所未有的时期，它绝不只是一个简单的时间概念，同时还包含着十分沉重的社会历史文化内涵。全球化和反全球化是贯穿着现代世界历史的一条主线，在当代不仅体现为人与自然之间的生存对立，体现为人与人、集团与集团、民族与民族、国家与国家之间的利益冲突，还体现为个人与社会、传统社会与现代社会之间日趋激烈的思想文化斗争。科学与反科学正是这一系列矛盾和斗争的焦点。文明的对立和利益的冲突错综复杂地交织在一起呈现出一种异常紧张的后现代格局，使表面上相对平静的当代世界，内在地潜伏着一系列深刻的社会危机。建立在现代科学基础上的自然辩证法将有助于我们顺利地克服这些危机，成功地开创一个光辉灿烂的明天。

第一，自然辩证法内在地蕴涵一种同科技时代相适应的朝气蓬勃的精神文化，它是我们在后现代语境中重建人文理性的思想基础，也是我们当前创造先进文化的思想前提。首先，自然辩证法自觉地继承了欧洲文艺复兴以来高扬人的价值与科学价值的人文主义传统，其中人文与科学有机地融合为一个整体，不仅关联人类的终极关怀，而且关联着人类的现实关怀，尤其具有浓厚的理性精神，堪称一种真正科学的人文主义。相比之下，当代的玄学人文主义一方面惧怕和诅咒客观规律，极力反对和阻挠科学探索真正的自然规律，掩耳盗铃，沉浸在自由意志的无限膨胀中自我陶醉，另一方面又热衷于信口编织和杜撰宇宙的意志和规律，张扬蒙昧主义垃圾，到处散发一股颓废腐朽的晦气。恩格斯撰写自然辩证法的年代，资本主义从科技革命中注入了新的动力并从自由竞争走向垄断，战争的阴云开始笼罩了整个欧洲。然而恩格斯既没有像尼采、布克哈特、哈代和法朗士等"世纪末"思想家那样，否定以科学为基础的现代文明，回到个人内心世界，也没有像贝尔纳、海克尔、安捷尔等新启蒙思想家那样对未来盲目乐观。他在对科学的发展表示欢欣鼓舞的同时，也对乐观主义者的自我陶醉提出了智者的警告。自然辩证法到处渗透着恩格斯浓厚的人文关怀与科学精神；其次，自然辩证法所特有的哲学观、科学观、真理观与价值观对于迷失在语言和逻辑世界中的后现代相对主义思想文化根本摆脱困境具有重要的方法论启迪；再次，自然辩证法同科学技术联盟为未来哲学理性的健康发展奠定了客观的理性基础和稳定的经验基础，避免了哲学以理性的名义把人们引向非理性信仰的歧途。现代哲学已基本上失去了自己的地盘，它们不是仰慕科学使自己专业化为一门思维的技术，就是崇尚清谈、故弄玄虚、花言巧语、骇人听闻，再就是追随宗教使自己重新沦为神学的婢女。自然辩证法与科学技术的联盟不仅使它能够发扬哲学思维的终极性和无限性优势，为科学技术的进一步发展作出智者的规划，而且还可以使它获得科学技术特有的批判理性，从而对哲学的高谈阔论、危言耸听提出理性的质疑。

第二，自然辩证法可以为世界历史的全球化运动提供理性的辩护。首先从学理上看，自然辩证法把社会发展理解为一种物质运动并把它纳入自然界的物质运动系列来考察，不仅体现了历史唯物主义关于人类社会发展是一个自然历史过程的思想，而且还为全面理解与深刻把握马克思的世界历史范畴提供了自然史方面广阔的知识背景和深厚的思想基础。全球化是世界历史这一范畴的内在逻辑必然，也是世界历史这一范畴的客观历史事实。它是一个客观的自然历史过程，是不以人的意志为转移的社会运动。全球化能够涤荡传统文化中的污泥浊水，去伪存真，使包括中国在内的世界各民族优秀的文化精神发扬光大。马克思所向往的共产主义社会也必须通过全球化运动才能够最终实现；其次从方法上看，自然辩证法把社会运动理解为一种建立在机械运动、物理运动、化学运动和生命运动基础上的高级运动形式，也为我们全面理解与深刻把握世界历史的发生发展提供了科学的方法论基础；再次，从历史上看，恩格斯的自然辩证法本身其实就已经是全球化运动的产物。欧洲的文艺复兴揭开了世界历史的序幕，它既是向希腊文化的一种回归，也是东西方文化的一种融合。文艺复兴以后的所谓欧洲思想，都不同程度地带有阿拉伯、印度与中国的东方印记。自然辩证法思想在黑格尔等前辈思想家那里，就已经不是纯粹西方的思想，恩格斯在阐述自然辩证法时也常常提到东方的智慧。

其实中国人所以比较容易接受外来的自然辩证法，也正是因为其中融合了中国自己的文化精神。把全球化同文化殖民主义联系在一起，不过是宗教原教旨主义与极端民族主义的一种阴谋。自然辩证法所具有的世界观与世界历史意识将有助于我们理性地把握当代社会，自觉地投身到全球化的历史潮流之中。中国的自然辩证法无论是作为理论、学科、还是事业，它同科学技术的自觉结盟，不仅内在地体现了全球化时代的时代精神，而且也提供了对全球化运动的理性辩护。正是因为具有这样一种独特的身份，使得它曾经在新时期改革开放的思想解放运动中发挥了重要的启蒙和先导作用。

第三，自然辩证法是我们当前反对形形色色现代蒙昧主义、为全球化和现代化发展扫除精神障碍的思想武器。首先，自然辩证法是认识和把握当代风起云涌的反科技浪潮的理性基础。反科技是现代蒙昧主义的集中表现。一般说来，绝大多数反科技人士并不具体地反对物理学、化学或某一门传统的科学技术，而是反对科学技术向他们自身研究领域的扩展，确切地说是反对他们所不熟悉的科学方法，他们通常喜欢以反科学主义者自居。不过倘若从这种意义上来看，反科学主义事实上就是反科学。因为科学除了作为一个集合名词指称自然科学各门具体学科外，主要还是用来指称一种不同于传统宗教和哲学的意识形式、思维方式和思想方法。当代反科技人士主要来源于两个群体：一个是宗教原教旨主义，一个是玄学人文主义。从前一个群体看，科学与反科学的对立是科学与宗教对立的当代表现；从后一个群体来看，科学与反科学的对立则是科学与玄学对立的当代表现。无论是来自哪个群体，他们都必然要以蒙昧主义来反对现代科技；其次，自然辩证法是我们弘扬科学精神，反对愚昧迷信和伪科学的方法论依据。伪科学的实质也是反科学，它是反现代思潮的一种极为阴险的形式。恩格斯生前曾无情揭露和讽刺过克鲁克斯和华莱士在神灵世界中建构的自然科学。改革开放以来，中国自然辩证法同人坚持不懈地揭露和批判各种以神秘主义为特征的伪科学，体现了自然辩证法战无不胜的理性智慧和思想威力；再次，自然辩证法也是我们批判和抵制当前正在全球范围内肆虐蔓延的以极端民族主义为特征的反全球化逆流的理论基础。印度的右派不仅疯狂叫嚣21世纪是"印度人的世纪"，而且断然宣布现代科学是西方的种族科学，印度人民党甚至还把所谓"吠陀数学"列为小学必修课，新的历史教科书则极力颂扬包括世袭的等级制度在内的所有印度传统，鼓吹印度神话是"雅利安民族"的原始家园，他们对包括穆斯林信徒在内的所有"外国人表示悲哀"。事实上，文化最终还是生活方式的体现。未来以跨国公司和互联网为基础的生活方式选择的只能是建立在现代科技基础上的科技文化或世界文化，而绝不可能是"小国寡民，老死不相往来"的农耕文化。全球化是科学技术发展的必然产物，自然辩证法与科学技术的天然结盟及其科学文化意蕴，有助于我们顺利跨越传统文化为现代社会可能设置的种种羁绊。

# 附　录　人物介绍：马克思与恩格斯

## 第一节　弗里德里希·冯·恩格斯

弗里德里希·冯·恩格斯（Friedrich Von Engels，1820－1895）是德国著名的思想家、哲学家、革命家，国际共产主义运动的伟大导师和领袖、近代共产主义的奠基人。他是马克思主义的创始人之一，和马克思共同撰写了《共产党宣言》，共同创立了科学共产主义理论；参加了第一国际的领导工作。同时恩格斯也是卡尔·马克思的挚友，被誉为"第二提琴手"，他为马克思从事学术研究提供了大量经济上的支持。在马克思逝世后，将马克思的大量手稿、遗著整理出版，并且成为国际工人运动众望所归的领袖。

马克思逝世后，他承担整理和出版《资本论》遗稿的工作，还肩负领导国际工人运动的重担。除同马克思合撰著作外，他还著有的就是本书的核心《自然辩证法》。

恩格斯，1820年11月28日出生于德国莱茵省工业城市巴门市（今伍珀塔尔市）。少年时就学于巴门市立学校，1834年转入爱北斐特理科中学。父亲老弗里德里希是工厂主，虔诚的基督徒，带有普鲁士贵族血统。母亲心地善良，遵守礼教，喜爱文学和历史。1837年9月其父坚持要他辍学经商（恩格斯当时正在读中学）。初入社会1年后到不来梅一家商行当办事员。当时德国正面临民族统一和民主革命的任务，恩格斯被民主主义的政治思想所吸引，同青年德意志运动发生联系。

1839 年春，在该派机关刊物《德意志电讯》发表《乌培河谷来信》，揭露封建专制制度和宗教虔诚主义的黑暗，倾注了对劳动人民的同情。1841 年 9 月至 1842 年 10 月，他在柏林炮兵部队服兵役，旁听柏林大学的哲学讲座，参加青年黑格尔派的活动。在此期间，他先后发表了《谢林论黑格尔》《谢林和启示》以及《谢林——基督教的哲学家》等小册子，尖锐批判了宣扬"天启哲学"的唯心主义哲学家谢林，他还著文揭露以德皇威廉四世为代表的德国封建专制制度，成为一个坚定的革命民主主义者。1841 年费尔巴哈的《基督教的本质》一书发表后，接受了费尔巴哈的唯物主义思想。

1844 年秋，恩格斯离开英国返回巴门。1845 年 4 月，恩格斯在马克思处境困难的时候，毅然迁居布鲁塞尔与他并肩战斗。同年，玛丽·白恩士离开英国，迁往布鲁塞尔和恩格斯住在一起。这对年轻夫妇是在一种自由的、互相尊敬和独立自主的结合中共同生活的。1850 年冬天，恩格斯为了能够在经济上给马克思以更多援助，又重新回到曼彻斯特，作为"欧门—恩格斯"公司的店员和全权代表做了整整 20 年他极不愿做的"该死的生意"。在这里，尽管恩格斯非常希望和玛丽经常共同生活，并且事实上也是常在一起，但流行的资产阶级伦理观念和寄人篱下的地位却不允许他和她固定同住一所住宅。他必须另外有自己的单独住宅，以便可以同业务上的朋友交往商谈，并且当他父亲来访时能加以接待，等等。他真正的家是在戈顿海德路 252 号，也就是玛丽·白恩士和她妹妹莉希·白恩士居住的地方。在这里，他能完全自由自在了，他找到了真挚的感情和温暖以及爱情和献身精神，并且可以同工人生活接触，这种接触是

他在曼彻斯特的其他交往关系方面所不能得到而又是他所殷切希望
获得的。

　　1846 年春，恩格斯和马克思在布鲁塞尔创建共产主义通讯委员
会。同年秋天，赴巴黎开展活动，争取和教育正义者同盟的成员，
使之摆脱"真正的社会主义"的影响。

　　1847 年 1 月，恩格斯和马克思一起加入正义者同盟。6 月，和
马克思商议后他出席在伦敦举行的共产主义者同盟第一次代表大会，
以科学社会主义为指导创立了第一个无产阶级革命政党。同年 10
月，被选入同盟巴黎区部委员会，并受委托起草同盟的纲领草案
（即《共产主义原理问答》），用问答的体裁初步阐明了科学共产主
义的基本原理。11 月，与马克思一起出席同盟第二次代表大会，并
任大会秘书。大会接受了马克思和恩格斯的主张，制定了符合民主
制原则的章程，并授受委托起草同盟的纲领。1848 年 2 月中旬，在
《共产主义原理》基础上，马克思和恩格斯起草的《共产党宣言》
在伦敦出版。1848 年 2－3 月间，欧洲资产阶级革命相继在巴黎、柏
林、维也纳等城市爆发；3 月，恩格斯当选为共产主义者同盟中央
委员会委员，在巴黎与马克思共同拟订了《共产党在德国的要求》。
4 月，他们到达德国科伦。恩格斯担任《新莱茵报》编辑，协助马
克思主持该报编辑部工作。他还曾去巴门和莱茵省的其他城市活动。

　　1848 年秋至 1849 年初，为了躲避官方的追捕，流亡到比利时和
瑞士，在瑞士协助组织工人协会。1849 年 5 月，在爱北斐特参加武
装起义。6 月，在巴登—普法尔茨任维利希志愿军团副官，亲临前
线参加战斗。起义失败后流亡到瑞士。11 月抵伦敦，当选为同盟中
央委员会委员，负责改组同盟工作。1850 年 3 月和 6 月，先后两次
与马克思合作起草《中央委员会告共产主义者同盟书》。为了支援陷

于极端贫困的马克思一家，恩格斯不得不于该年迁居曼彻斯特，在"欧门－恩格斯公司"再度经商。

在曼彻斯特居住期间，恩格斯同马克思保持了频繁的通信联系，共同研讨国际工人运动的理论和策略，探讨各个领域里的学术问题，并互相交换意见，用导师的话说就是一个人写的东西另一个人也一定读过并完全赞同。恩格斯进行了广泛的理论研究，尤其对军事学、语言学和自然辩证法作了深入的探讨。

1851 年 11 月至 1852 年 11 月，恩格斯为《纽约每日论坛报》撰写了一组题为《德国的革命与反革命》的文章，深刻总结了 1848－1849 年德国革命的经验，提出了武装起义是一种艺术的著名论断。1857－1859 年，他为《美国新百科全书》撰写了许多军事条目。1861－1865 年，撰写了关于美国内战的许多文章。1864 年，第一国际成立后，恩格斯同马克思一起参加了国际的领导工作，跟蒲鲁东派、巴枯宁派、工联派、拉萨尔派进行了路线的斗争，为马克思主义在国际工人运动中的主导地位奠定了基础。1867 年《资本论》第一卷出版后，他为工人报刊和利用资产阶级报刊撰写了许多篇战争评论，准确地分析和预见了战争的进程与结果。

1869 年 7 月，恩格斯终于从商人生涯中摆脱。1870 年 10 月，移居伦敦，与马克思再度相聚。1870 年 9 月，恩格斯结束了 20 年"埃及幽囚式"的经商生活，从曼彻斯特迁居伦敦，与马克思一起参加国际工人协会的领导工作。10 月，经马克思提议，他当选为国际总委员会委员，任比利时、意大利、西班牙、葡萄牙和丹麦的通迅书记和总委员会财务委员。巴黎公社期间，他和马克思一起组织声援公社的活动。1871 年 3 月巴黎公社建立后，同马克思一起支持公社，在演说和信件中高度评价巴黎工人的革命首创精神和英雄气概，阐明公社的历史意义。

1871 年 9 月举行的国际伦敦代表会议上，恩格斯根据巴黎公社的经验提出工人阶级必须参加阶级斗争并建立同一切旧政党相对立的无产阶级独立政党。

1872 年 9 月国际海牙大会期间，恩格斯与马克思一起为击败巴枯宁阴谋集团，通过关于政治问题和组织问题的决议作出了重要贡献。根据恩格斯的提议，国际总委员会迁至纽约。海牙大会后，他写了《论权威》《社会主义民主同盟与国际工人协会》（与马克思合写）等论著，从政治上、理论上和组织上全面揭露和批判了巴枯宁集团的无政府主义和分裂主义，深刻阐述了民主与集中、民主与专政的辩证关系。国际工人协会解散以后，恩格斯与马克思一起为在各国传播科学社会主义理论、建立和发展社会主义政党而努力斗争。

1875 年 3 月，他在给倍倍尔的信中阐明了他对德国工人运动中两派合并的原则立场，批评了党内某些领导人追求无原则合并的错误。

1876－1878 年，他写了一组题为《欧根·杜林先生在科学中实行的变革》的文章（即《反杜林论》），在批判杜林的唯心主义先验论和小资产阶级社会主义时，第一次系统地阐发了马克思主义的三个主要组成部分——哲学、政治经济学和科学社会主义理论，以及许多自然科学的基础理论，这是一部"深刻透彻的每个有思想的人都能理解的科学百科全书"。

1880 年夏，应法国工人党领导人拉法格〔1842—1911，19 世纪末 20 世纪初法国和国际工人运动的著名活动家，杰出的马克思主义思想家和宣传家，法国工人党和第二国际的主要创建人之一。主要著作有《马克思的经济唯物主义》（1885）、《宗教和资本》（1887）、

《唯心史观和唯物史观》（1895）、《财产及其起源》（1895）、《思想起源论》（1909）、《马克思的唯物主义和康德的唯心主义》等）的要求，把《反杜林论》中的某些章节改编为《空想社会主义和科学社会主义》（即《社会主义从空想到科学的发展》）〕。这本被马克思称为"科学社会主义入门"的小册子，对普及马克思主义基本理论起了重要作用。1873 年至 1883 年间，恩格斯拟定了《自然辩证法》的写作提纲，完成了若干篇章和片断，奠定了自然辩证法的研究基础。

## 第二节　恩格斯的挚友——卡尔·马克思

### 一、卡尔·马克思

卡尔·马克思（1818—1883），人类历史上最伟大的革命家，科学家，全世界无产阶级和被剥削被压迫群众的伟大导师，科学共产主义的奠基人。

马克思，1818 年 5 月 5 日生于普鲁士莱茵省特里尔城。父亲是一个持自由主义观点的律师，后当司法参事。马克思在本城受中等教育。1835 年进波恩大学，次年 10 月转入柏林大学。他学的是法学，但主要精力放在学习历史和哲学上。在大学阶段，他参加了倾向进步的"青年黑格尔派"的活动，吸取了黑格尔的辩证法思想；在政治上是一个革命民主主义者，坚决反对普鲁士封建专制制度。1841 年 4 月，马克思以题为《德谟克利特的自然哲学和伊壁鸠鲁的自然哲学的区别》的论文，获得了哲学博士学位。这时，他还站在黑格尔哲学的唯心主义立场上。

　　1812 年 4 月，马克思开始为《莱茵政治、商业和工业日报》（即《莱茵报》）撰稿。同年 10 月，他迁居科伦，担任该报主编。11 月间，与恩格斯首次会见。马克思在《莱茵报》发表一系列文章，痛斥普鲁士贵族地主对农民的残酷压迫，坚决捍卫农民劳苦大众的利益。1843 年 1 月，普鲁士当局决定从 4 月份起封闭《莱茵报》。股东们要求马克思将报纸办得温和一些，马克思断然拒绝，并于 3 月 17 日声明退出编辑部。

　　由于普鲁士政府的迫害，马克思在 1813 年 10 月移居法国巴黎。他住在工人区，广泛接触工人群众，了解他们生活和斗争情况；同法国的民主主义者、社会主义者、工人秘密组织的领袖以及德国流亡者的秘密团体"正义者同盟"的领导人建立密切联系；还时常出席法、德两国工人和手工业者的集会并发表演说。与此同时，他研究了法国阶级斗争的历史、空想社会主义以及英国古典政治经济学，并和黑格尔左派分子卢格合办了《德法年鉴》杂志。1844 年 2 月，马克思在该杂志创刊号上发表《〈黑格尔法哲学批判〉导言》和《论犹太人问题》两篇文章，论述了科学共产主义的许多重要原理。文章主张对一切剥削制度进行无情的批判，尤其是"武器的批判"；第一次指出无产阶级是实现社会主义革命的社会力量，公开声明自己的哲学是为无产阶级服务的。他鲜明地指出："哲学把无产阶级当做自己的物质武器，同样地，无产阶级也把哲学当做自己的精神武器"。这是马克思从唯心主义转向唯物主义，从革命民主主义者转为共产主义者的重要标志。

　　1844 年 8 月底，马克思与恩格斯在巴黎第二次会见。从此，两人为世界无产阶级解放事业并肩战斗。他们合作写成的第一部著作，是 1845 年 2 月出版的《神圣家族，或对批判的批判所做的批判》

（简称《神圣家族》）。这部著作批判了"青年黑格尔派"的唯心主义哲学，阐明了人民群众是历史创造者这一唯物主义基本原理。

1845 年 1 月，法国政府根据普鲁士政府的要求，将马克思驱逐出境。马克思为此迁居比利时首都布鲁塞尔。同年春天，恩格斯也到了那里。他们在这里合写了《德意志意识形态》。这部著作第一次广泛地阐述了历史唯物主义的基本原理，揭示了社会发展的客观规律，制定了马克思主义关于社会经济形态学说的初步提纲，并且第一次提出了无产阶级夺取政权的历史任务。

为了适应斗争形势的需要，马克思和恩格斯于 1846 年在布鲁塞尔建立了共产主义通讯委员会，接着又在巴黎、汉堡、莱比锡等地建立了同样的组织。他们亲自开展了对蒲鲁东主义、魏特林的平均共产主义以及克利益等的"真正的社会主义"的斗争。马克思和恩格斯对这些流派错误倾向的批判，使"正义者同盟"领导人受到教育。他们表示要同各种冒牌的社会主义划清界限，接受马克思、恩格斯的理论。1847 年春，他们签署了正式委托书，邀请马克思、恩格斯加入"同盟"。同年 6 月，根据马克思、恩格斯的提议，"正义者同盟"改名为"共产主义者同盟"。

1847 年 12 月至 1848 年 1 月，马克思受"同盟"代表大会委托，与恩格斯一起起草了"同盟"的纲领。1848 年 2 月，新纲领在伦敦用德文正式发表。这就是科学共产主义纲领性文献《共产党宣言》。《共产党宣言》总结了以往无产阶级斗争的经验，论述了无产阶级革命和无产阶级专政的极其重要的思想，完整、系统而严密地阐述了他们的伟大学说，成了世界各国无产阶级运动的指南。

1848 年 2 月，巴黎爆发了二月革命，布鲁塞尔群众也行动起来。马克思被比利时当局驱逐出境，返回巴黎。在法国二月革命影响下，普鲁士爆发了三月革命。为了直接领导革命斗争，马克思从法国秘密回到普鲁士。6月1日，由马克思任主编的《新莱茵报》在科伦发行。《新莱茵报》声援各国人民的革命斗争，反对各国反动派；团结国内一切革命的和进步的力量，打击以普鲁士政府为代表的反动封建势力。革命失败后，马克思于1849年5月被逐出普鲁士，在英国伦敦定居。为了总结1848年革命的经验教训，他先后写了《1848年至1850年法兰西阶级斗争》和《路易·波拿巴的雾月十八日》等重要著作。在这些著作中了得出了无产阶级革命必须打碎旧的国家机器的结论，提出了革命是历史的火车头的著名论点，阐述了无产阶级专政、不断革命以及工农联盟的思想。

在工人运动新高涨的形势下，1864年9月28日，英、法、德、意、波兰等国的工人代表在伦敦举行集会，决定成立国际工人组织并组成临时中央委员会（后改称为总委员会）。马克思作为德国工人代表被选入中央委员会，担任德国通讯书记。10月11日，这个组织定名为国际工人协会（当时简称"国际"，"第二国际"成立后称它为"第一国际"）。马克思在短短几天内，写成了著名的《国际工人协会成立宣言》和《协会临时章程》。在第一国际存在期间，他和恩格斯一起，同蒲鲁东派、巴枯宁派、工联派、拉萨尔派进行了原则性的斗争，坚决反对他们的改良主义、投降主义、无政府主义、分裂主义以及其他破坏第一国际的阴谋活动。普法战争爆发后，马克思为总委员会起草了两篇宣言，分析了这场战争的性质，并为法、德工人阶级制定了应采取的策略方针。巴黎公社失败后，马克思接受总委员会的委托，起草了《法兰西内战》宣言，全面地总结了公社的经验，强调无产阶级必须用革命暴力"摧毁"和"打碎""旧的国家机器"，"实行无产阶级专政"。

马克思很早就致力于政治经济学的研究。1859 年，发表了《政治经济学批判》，为详尽论证剩余价值理论奠定了基础。1867 年，他的不朽名著《资本论》第一卷在汉堡出版（第二、三、四卷在他逝世后出版）。他在这部巨著中阐明了自己经济理论的主要基石——剩余价值理论，论述了资本主义社会经济运动规律，揭示了资本主义社会的内部矛盾，论证了资本主义的必然灭亡和共产主义的必然胜利，从而把共产主义学说置于牢固的科学基础上。

70 – 80 年代初，马克思以主要精力继续写作《资本论》第二、三卷，同时关心着国际共产主义运动的发展。

贫穷、疾病和长期过度的劳累，严重地损害了马克思的健康。1833 年 3 月 14 日，马克思在伦敦寓所与世长辞。

恩格斯在评价马克思的伟大功绩时指出："马克思发现了人类历史的发展规律"，"还发现了现代资本主义生产方式和它所产生的资产阶级社会的特殊的运动规律"。"马克思首先是一个革命家。以某种方式参加推翻资本主义社会及其所建立的国家制度的事业，参加赖有他才第一次意识到本身地位和要求，意识到本身解放条件的现代无产阶级的解放事业，——这实际上就是他毕生的使命。"

## 二、马克思主义

马克思主义是近代最复杂和精深的学说之一。学说的范围包括了政治、哲学、经济、社会等广泛的领域。而马克思主义的发展也是任何其他主义所不能及的，也因为如此，这世界上存在着许多不一样版本的解释和陈述。就如美国近代马克思主义学家达拉普（Hal Draper）所讲"在人类历史上，少有学说像马克思思想一样，被不一般的人为严重扭曲"。除了马列主义以外，许多派别的学说都认为自派学说为马克思的正统继承。如今，其中比较有影响力和主要的阵营包括：托洛茨基主义、斯大林主义、西方马克思主义等等。

一般认为，马克思的哲学在他所处的时代并没有绝对的影响力；但就在他过世几年后的 19 世纪末，随着资产阶级世界的普遍危机的加剧，马克思哲学迅速地传遍各地。建立资本主义式的福利国家成为欧洲先进国家政经改革的趋势。之后，马克思主义派分成为非革命派（Evolutionary Marxism）与革命派（Revolutionary Marxism）。非革命派学说，又称修正主义派，以爱德华·伯恩斯坦（Edward Bernstein）为中心，主张渐进式的社会主义发展，视马克思主义为一种道德标准。而革命派学说则以列宁最为著名，强调暴力革命对于建立无产阶级专政的不可回避的必要性。革命派视马克思主义为一种历史科学理论与无产阶级的世界观、方法论，认为这种理论是历史客观进程的理论反映，是广大劳动人民在实践中的产物，是所有人类优秀文化遗产的结晶。

马克思主义在 20 世纪初到 20 世纪中叶，借由列宁和布尔什维克党创立的苏联的大力传播达到了巅峰。在这段期间马克思主义在当代的解释似乎受到许多学者的疑问与争议。随着苏联的势微与解体，马克思主义在政治上的影响力也有所减弱。而马克思主义作为近代最著名也是影响最深远的哲学理论之一，其学说仍然活跃在学术界的各领域，学说的精神也不时地被运用在各政府的施政方向。而在 21 世纪的今天，世界上仍有许多国家和政党以马克思主义为其国家或政党的意识形态，如古巴、尼泊尔共产党、塞浦路斯劳动人民进步党、法国共产党、西班牙共产党、葡萄牙共产党、希腊共产党等等。

德国人的解放就是人的解放。这个解放的头脑是哲学，它的心脏是无产阶级。

哲学把无产阶级当作自己的物质武器，同样地，无产阶级也把哲学当作自己的精神武器。

马克思认为哲学是人类思想的解放，也就是说，它是无产阶级挑战社会制度的精神武器。只有在科学的哲学指导下，无产阶级才能彻底批判资本主义社会，才能建立共产主义新社会，从而获得自己最后的解放。马克思的哲学追溯到人类的本性：他认为人区别于动物的地方，就在于人可以有效地计划出他们赖以生存的生活资料和生产资料，因此，人一旦进行了有计划的劳动生产，他就同其他动物根本区别开来了；而因为要劳动，人们必须事先结成生产关系以及其他社会关系。人们的劳动生产力制约着他们在其中进行活动的生产方式，而有什么样的生产方式，便有什么样的社会关系。人们的生产方式、社会关系等构成了社会的基本架构，并决定着人们的社会意识。社会意识一旦形成，便反过来成为制约着人的活动的客观力量。可见社会的发展是建立在劳动阶级的生产劳动之上的，劳动阶级造就了人类社会的"自然规律"。社会的发展从表面上看像是杂乱无章，其实它同自然界一样也是有内在客观趋势的规律。因此，马克思的哲学是无神论和唯物论。

马克思在年轻的时候深受德国当代知名哲学家黑格尔辩证论的影响，一同认为万物皆由演变而成。但不同于黑格尔的唯心论点，马克思的思想是唯物论点。

两个论点最大的差异在于对物质与意识的关系的看法即谁是第一性，谁是第二性的。唯物主义者认为物质是第一性的，意识是第二性的，自然界不依赖任何哲学而存在，意识归根到底是物质的产物，自然界的产物。唯心论则反之。唯心论者认为意识决定物质，换句话说，人的意识决定对物质的看法与解释，人因为意识的改变，改变对物质的定义；而唯物论者认为，物质决定意识，人在周遭所遇到的事物，决定了人对物质的定义，人通过自己的物质实践活动认识世界和改造世界，而人自身也在这种实践活动中得到改造，获得自己的新的质量和素质。

因此，马克思认为世界上大部分的人活在恩格斯所叙述的假性意识（False consciousness）中，这种意识只是由家庭、文化、民族等外在物质因素交错成型的产品。久之便成为社会意识，制约着人的活动的客观力量。但意识会随着外在因素的演变而改变，人类社会就是在这种精神生产随着物质生产的改造而改造的变化中持续地演化着。就此，马克思把黑格尔的辩证论与自己的唯物论作了扬弃，而成就了独出一格的辩证唯物论与历史唯物论——相信总有一天，但绝不会是遥遥无期，也绝不会是不负责任的随意与偶然或者应付，而是在人类社会进化到资本主义时代以后，经过其自身可以预见的长度的时间的演变，人类必将因无产阶级的解放而彻底解放，完成对人的本质的真正占有，完成从必然王国到自由王国的飞越，而人类的生产模式也随之改变，全人类进入"各尽所能、各取所需"的共产主义社会。

一个国家社会的经济，代表着一个国家社会的劳动力。但马克思认为此一观点被资本主义给扭曲，他认为在资本主义的架构下，劳动力已经成为一种消耗性的日用品，传统的商人借由转手买卖赚取商品的差价，而资本家却是靠无偿占有剩余价值的方式，来发财致富的。而财富在私人手中的积累在资本主义的生产方式下便形成资本。劳动市场总是在扩大，需求总是在增加，资本需要增值，就必须吸取活劳动，而使劳动者始终生活在只能维持自身生命的再生产的水平，是吸取活劳动的前提。因此，根据马克思的结论，劳工的待遇自然也就不是资本家所会关心的事了。马克思也不否认，到当时为止资本主义是历史上最具生产力的社会结构。但他认为资本主义最大的缺陷在于资本家为了更大化的生产力与利润，势必投资更多的金钱与资源用于科技的研发，而劳工的价值也将因为科技的进步而贬低。日后，劳工势必日用品化，进而异化了无产阶级劳工本身的人类特质，成为资本家的人肉机器。根据马克思的历史唯物论，他意识到此一现象是一种阶段性的演变，资本主义将物极必反，无产阶级必将因为自身的解放，逐渐取代资产阶级，有如当初在封建时代末期，资产阶级推翻王室贵族阶级一般。而劳动阶级也将成为主角，带动国家经济的发展。

在无产阶级和资产阶级的斗争所经历的各个发展阶段上，共产党人始终代表整个运动的利益。因此，在实践方面，共产党人是各国工人政党中最坚决的、始终起推动作用的部分；在理论方面，他们胜过其余的无产阶级群众的地方在于他们了解无产阶级运动的条件、进程和一般结果。

基于对于资本主义的种种客观科学分析，马克思认为无产阶级应当团结，势力争取自身的解放。同与马克思的阶级斗争理论紧密相关的，是无产阶级政党理论。在马克思看来，无产阶级的阶级斗争需要由无产阶级的政党来领导，而无产阶级政党则是无产阶级的先锋队。这个党代表着组织、领导和宣传作用。从阶级及阶级斗争的理论出发，马克思认为私有制社会中对立阶级之间的斗争具有不可调和的特点，统治阶级需要以强制性的方法来统治被统治阶级以便维持自身的生存。而这些强制性的方法逐渐演变成为统治阶级对被统治阶级的榨取和剥夺之工具。统治阶级为了把阶级关系维持在符合统治阶级利益的秩序和范围之内，就形成了国家和法律。无产阶级要想获得自由的解放，就必须团结起来，进行革命，以消灭包括无产阶级和资产阶级的旧有价值，消灭阶级，也即消灭敌人的同时消灭自身，最终消灭剥削，迈入无阶级的共产主义社会。

马克思认为，在人类历史上，科技的进步提高了劳动生产率，从而剩余产品增多，使得人类有可能在自身中实行脑体分工。这种分工一方面大大促进了生产力的发展和文明的进步，使人类从原始社会的野蛮阶段走出来，进入文明时期；另一方面，脑体分工本身就是最初阶级划分的基础，由于分工和私有制的出现，使垄断精神生产的剥削阶级分子与承担全部体力劳动的劳动阶级处在根本利益相互对抗的关系之中，人类自此进入阶级社会。阶级社会几千年的发展，不过是剥削阶级对劳动人民剥削的程度以及劳动人民对剥削阶级依附的具体方式的变化。马克思认为，人类历史发展的阶级社会阶段中，阶级斗争是不可避免的，阶级斗争本身就构成了人类历史发展的一种推动力量。

只有联系生产力发展以及由生产力决定的社会关系结构的变化，才能彻底解决阶级斗争的问题。马克思在关于阶级的理论中，特别强调阶级是一个经济范畴——现代阶级关系的产生源于劳动者同自己的生产资料的分离，但阶级一旦产生，又会把阶级利益对立的烙印打上文化、宗教等领域。在这个意义上，阶级有时是一个社会范畴。人类社会的阶级关系从早期的简单走向复杂，然后又走向现代社会的简单化。马克思指出，讲究功利的资本主义社会并未改变阶级对立的事实；而和平式的协商办法无法从实质上解决阶级间的对立，因此，在进入共产主义之前，无产阶级将进行短暂（相比较起其他历史阶段而言）的无产阶级专政，进行多层面的革命，尽一切的可能重新分配社会资源。所以一般认为,马克思并不反对暴力革命。部分人认为无产阶级经过某种方式取得政权之后会转化为有产阶级,并指出对于阶级转化的情况他没有提供很好的理论解释。不过,既然其生前并未有幸看到无产阶级专政的长期存在,这种责难的意义就不予讨论了。而至于所谓无产阶级变成有产阶级的问题,既然无产阶级的政权是为了消灭阶级才存在的,其具体的实践是通过生产资料的公有来实现的,一国范围内绝大多数都是主人,那么这种有产和在资产阶级时代的有产完全是两码事。

## 第三节　恩格斯与马克思的伟大友谊

马克思是世界无产阶级革命导师,这位"千年思想家"一生中有 3 个人对他是至关重要的:一位是启蒙老师,他的父亲;另一位是生活情侣,他的妻子燕妮;还有一位就是革命战友,恩格斯,马克思如果离开了这 3 个人,尤其是恩格斯,马克思也许就不能成为其我们现在所知道的马克思了。

马克思在思想上是富有者,在经济上却是贫困户,这位对资本主义经济有着透彻研究的伟大经济学家,本身一贫如洗,他的一生几乎是在贫困潦倒中度过的。马克思没有固定的工作,一家人的经济来源主要靠他极不稳定而又极其微薄的稿费收入,加之资产阶级对他的迫害和封锁,使饥饿和生存问题始终困扰着马克思一家,差不多把马克思置于死地。在颠沛流离的生活中,他常常身无分文,衣食无着,在困境的泥沼中挣扎。如果不是恩格斯在经济上长期无私的援助,马克思无法从事领导国际无产阶级运动和专心理论创作。从 1852 年 2 月 27 日给恩格斯的信中我们看到这位全世界著名理论家的困境，马克思写道："一个星期以来，我已达到非常痛苦的地步：因为外衣进了当铺，我不能再出门，因为不让赊帐，我不能再吃肉。"不久又写信向恩格斯倾诉："我的妻子病了，小燕妮病了，琳蘅患有一种神经热，医生我过去不能请，现在也不能请，因为没有买药的钱。八至十天以来，家里吃的是面包和土豆，今天是否能够弄到这些，还成问题。"饥饿贫困和家务琐事，困扰着马克思，他心情愤怒烦躁，无法集中精力和智慧进行理论创作。

对马克思的困境，恩格斯当作是自己的困难。他在给马克思的信中写道："2 月初我将给你寄 5 英镑，往后你每月都可以收到这个数。即使我因此到新的决算年时负一身债，也没有关系。……当然，你不要因为我答应每月寄 5 英镑就在困难的时候也不再另外向我写信要钱，因为只要有可能，我一定照办。"此时的恩格斯在公司里只是一个普通的小办事员，收入也是十分低微的。后来做了公司的智囊，月薪有了提高，从 1860 年以后，对马克思的支援增加到了每月 10 镑，还常常"另外"给些资助。从 1851 年至 1869 年，马克思总共收到了恩格斯的汇款 3121 镑。对当时的恩格斯来说，这已是倾囊相助了。

正是由于恩格斯的慷慨相助，才使马克思勉强维持生存，得以长期地一心从事科学著述，为写作《资本论》进行广泛深入的经济学研究。恰如列宁所说："如果不是恩格斯牺牲自己而不断给予资助，马克思不但不能写成《资本论》而且势必会死于贫困。"对恩格斯的无私奉献，马克思非常感动，也十分不安，他在 1867 年致恩格斯的信中写道："坦白地向你说，我的良心经常像被梦魔压着一样感到沉重，因为你的卓越才能主要是为了我才浪费在经商上，才让它们荒废，而且还要分担我的一切琐碎的忧患。"这乃马克思的肺腑之言。

表现恩格斯对马克思的伟大友谊和高尚品格，是不计个人名利得失，在政治上作出了重大牺牲。为了让马克思给无产阶级革命事业寻找一条真理，恩格斯放弃了自己对经济理论的研究，从事了20年他所厌恶的商业工作。恩格斯和马克思一样，都是天才的思想家和理论家，早在40年代初，才20岁出头的恩格斯就写出了像《政治经济学批判大纲》和《英国工人阶级状况》这样闪烁着思想火花的光辉著作。在1848—1849年革命失败后，恩格斯清楚地知道，唤醒工人起来进行斗争的关键，就在于彻底批判资产阶级经济学，为无产阶级的经济利益寻求理论上的依据和科学论证。做这项工作的人选非马克思莫属。为了无产阶级革命的需要，为了共同的"合伙事业"，恩格斯毅然放弃了职业从事理论研究的选择，放弃了政治经济学这个已经取得初步成果的领域，承担起了为马克思一家谋求生活来源的后勤保障责任。一名无产阶级革命家，被迫去做资本主义公司的商人，把自己的美好时光和年华耗费在他所厌恶的商业中，可以想象这是一件多么痛苦的事情。

作为一个领袖和革命家，政治名誉比什么都重要，为了马克思，恩格斯除了在经济上的无私援助，把自己的理论成果也署在了马克思的名下。1851年8月，《纽约每日论坛报》编辑查理·德纳邀请马克思担任该报在英国的通讯员，经常给该报写稿。为了使自己的家庭得到一个稳定的收入，马克思答应了这个邀请，但困难的是马克思掌握英语的程度还不足以写政论文章。8月8日马克思给恩格斯写信说："如果你能用英语写一篇关于德国局势的文章，在星期五的早晨以前寄给我，那将是一个良好的开端。"

为了保住马克思这份工作，让他有一个稳定的经济收入，十分繁忙的恩格斯很快寄出了连载论文《德国的革命与反革命》的第一篇，之后，由马克思署名的文章在该报陆续发表，以马克思的名义在这家报纸上发表的论文中，有120篇是由恩格斯撰写的，当然，稿酬报社寄给了马克思。《资本论》是马克思用毕生精力和心血写成的鸿篇巨著，恩格斯对这部著作的创作和出版，同样付出了巨大的心血和智慧。马克思在创建无产阶级政治经济学体系的过程中，凡遇重大问题总是预先同恩格斯商量，共同探讨，彼此交换意见，以取得一致的见解和认识。可以说，无论是在方法上，还是在具体理论上，特别是在提供事实经验和统计资料方面，恩格斯自始自终积极参与了马克思经济学理论体系的创建工作。马克思逝世后，恩格斯整理加工《资本论》的第二卷和第三卷，花费了10年的时间，尽管他自己谦虚地说没有做其他任何工作，实际上他对一些残缺不全的手稿作了大量的修饰和润色，进行了许多的补充说明和附注插语，恩格斯不仅参加了这两卷的创作，而且是这两卷的最后完成者，如果没有恩格斯的的整理、加工和创作，这两卷巨著的出版是难以想象的。恩格斯出版了《资本论》的第二卷和第三卷，为他的亡友建立了一座庄严宏伟的纪念碑，无意中也把自己的名字刻在了上面。列宁对恩格斯与马克思的崇高友谊发出了由衷的赞叹："他对在世时的马克思无限热爱，对死后的马克思无限敬仰。这位严峻的战士和严正的思想家，具有一颗深情挚爱的心。"对马克思及其家人生活的关心，恩格斯更是无微不至。

马克思的一生多灾磨难，每当马克思受到了挫折和打击，思想感情有了悲痛和压抑，恩格斯总时想办法进行抚慰，他已成为马克思一家躲避生活风雨的港湾，马克思一到这个港湾，就显得安静和快乐多了。贫困和苦难先后夺去了马克思的4个儿女。

1855 年 4 月，马克思最喜爱的儿子埃德加尔病逝，这给马克思沉重的打击，他感到自己快支持不住了。在致恩格斯的信中马克思倾诉了无限悲痛的心情："在这些日子里，我之所以能忍受这一切可怕的痛苦，是因为时刻想念着你，想念着你的友谊，时刻希望我们两人还要在世间共同做一些有意义的事情。"恩格斯把马克思夫妇接到了曼彻斯特，在恩格斯的精心安排和照料下，马克思夫妇度过了人生中最难熬的时刻。恩格斯已是马克思家中的一名"编外"成员了，每次去马克思家里，全家就像过节一般高兴，马克思的女儿们把恩格斯看成"第二个父亲"。当然，马克思一家人对恩格斯的健康关注，更是牵肠挂肚，1857 年 7 月在恩格斯生病的时候，马克思写信安慰："亲爱的恩格斯，你可以相信，不管我们如何不幸，我和我的妻子对你最近健康情况的消息比我们自己的事更为关切。"两位老战友在异地工作时，经常通信相互交流思想，毫不保留地倾诉个人生活和政治生活中的喜怒哀乐，在他们的 1000 多封通信中，我们看到这两位战友的情深意笃，有几天接不到对方信件，彼此就相互挂念起来。马克思在给恩格斯的一封信中写道："亲爱的恩格斯，你是在哭还是在笑，是在睡觉还是醒着？最近三个星期，我往曼彻斯特寄了各种各样的信，却没有收到一封回信。但是我相信都寄到了。"同样，如果有几天听不到马克思的音讯，恩格斯就会发出"连珠炮"似的追问"老摩尔，老摩尔，大胡子的老摩尔，你出了什么事情？怎么听不到你一点消息？你有什么不幸，你在做什么事情？你是病了？还是陷入了你的政治经济学的深渊？……"他们畅所欲言，无所说，无所不谈。对恩格斯他们两人之间的友谊，马克思作了高度的评价，1866 年 2 月 20 日在给恩格斯的信中说："我们之间的这种友谊是何等的幸福，你要知道，我对任何关系都没有作过这么高的评价。"

　　恩格斯和马克思的崇高友谊，为人类树立了光辉的典范，这两位伟人的伟大友谊告诉世人：建立在共同信仰和追求基础之上的友谊，是万古长青，牢不可破的。